영적 발돋움

REACHING OUT:
The Three Movements of the Spiritual Life

by HENRI J. M. NOUWEN

영적 발돋움

지은이 | 헨리 나우웬
옮긴이 | 이상미
개정 2판 34쇄 발행 | 2015. 5. 7.
등록번호 | 제 3-203호
등록된 곳 | 서울시 용산구 서빙고동 95번지
발행처 | 사단법인 두란노서원
영업부 | 2078-3333 FAX 080-749-3705
출판부 | 2078-3444

▌책값은 뒤표지에 있습니다.
ISBN 978-89-531-0810-3 03230

▌독자의 의견을 기다립니다.
tpress@duranno.com http://www.Duranno.com

두란노서원은 사도행전19장 8-20절의 정신에 따라 첫째 목회자를 돕는 사역과 평신도를 훈련시키는 사역, 둘째 세계선교(TIM)와 문서선교(단행본 · 잡지)사역, 셋째 예수문화 및 경배와 찬양 사역, 그리고 가정 · 상담 사역 등을 감당하고 있습니다. 1980년 12월 22일에 창립된 두란노서원은 주님 오실 때까지 이 사역들을 계속할 것입니다.

The Three Movements of the Spiritual Life

영적 발돋움

헨리 나우웬 지음 | **이상미** 옮김

두란노

이런 책을 내야 되겠다는 계획을 처음 한 것은 예일신학교에서 그리스도인의 영성에 대한 짧지만 인상적인 세미나가 열리는 동안이었습니다. 이 책의 끝 부분은 그로부터 2년 반이 지난 후 트라피스트 수도회에서 오랫동안 조용히 쉬면서 쓴 것입니다. 이제까지 쓴 다른 어떤 책보다 이 책이 내게는 더 친근합니다. 또 「영적 발돋움」을 통해 그리스도인 됨에 대해 내가 품고 있는 가장 개인적인 생각과 감정을 분명히 표현하려고 노력했습니다. 그렇지만 다른 사람의 도움이 가장 많이 필요했고 또 도움을 가장 많이 받은 책을 꼽으라면 말할 것도 없이 이 책입니다.

여러 학생들이 진지한 관심과 비판과 독창적인 도움을 주지 않았더라면 나는 인격적인 것과 개인적인 것의 차이, 보편적인 것과 '나만의 것' 의 차이를 결코 구별할 수 없었을 것입니다.

내가 하나님의 부르심을 듣고 그것을 따라갈 수 있는 자리를 만들어 준 어머니와 아버지에게 사랑과 애정을 담아 이 책을 바칩니다.

뉴욕 피파드 제네시 수도원에서
헨리 나우웬

차례

| 프롤로그 |

영적인 삶을 위한 도전을 주는 책

"예수 그리스도의 영 안에서 산다는 것은 무엇을 의미하는가?" 이 책은 바로 이 물음에 대한 답입니다. 그리고 이 책은 나 자신이 겪었고 지금도 여전히 겪고 있는 여러 갈등으로부터 생겨난 개인적인 책입니다. 그러나 해를 거듭하면서 점점 더 분명해진 것은 그러한 갈등이 점점 깊어지고 또 그 갈등의 뿌리를 더듬어가다 보니 어느덧 내가 그 갈등을 다른 이들과 나눌 수 있는 단계에 이르게 되었다는 점입니다. 이 책이 어떤 대답이나 해결책들을 제시해주지는 않지만, 진정한 기독교 영성은 수고와 노력을 들일 가치가 있다는 확신으로 나는 이 책을 썼습니다. 왜냐하면 이런 탐구를 해나가면서 소망과 용기와 확신을 주는 표지들을 발견할 수 있기 때문입니다.

지난 몇 년 동안 나는 영성과 영적인 삶을 다룬 연구서들을 많이 읽어보았고 강의도 많이 들었습니다. 그리고 영적 지도자들과 대화도 나눠보았고 신앙 공동체들도 여러 곳 방문했습니다. 이를 통해 많은 것을 배웠지만 내가 깨달은 사실은, 부모나 교사나 상담자가 해줄 수 있는 것이라고는 우리가 혼자만의 고독한 길을 발견하는 데 필요한 자유롭고도 우호적인 장소를 제공하는 것뿐이라는 점이었습니다.

홀로 사는 것에 대한 뿌리 깊은 두려움 때문에 나는 계속해서 이 사람 저 사람을 찾아다니고 이 책 저 책을 뒤지고 이 학교 저 학교를 전전하면서 삶에 대한 책임을 받아들이는 고통을 피하려고 안절부절못했던 것 같습니다. 이 모든 것이 다 있을 법한 일이긴 하지만 그보다 더 중요한 것은, 내가 더 이상 뒤로 물러나 "누구는 이렇게 말하고 누구는 저렇게 말하더라"는 말만 하며 지낼 수 없고, 이제는 "그런데 너는 어떻게 생각하느냐?"(막 8:27–30 참고)라는 물음에 대답해야 할 때가 왔다는 것입니다.

영적인 삶에 대한 질문은 우리에게 많은 도전을 줍니다. 이 질문은 삶의 핵심을 건드립니다. 스스로 이런 질문을 해볼 때 여러분은 그 어떤 것도 당연한 것으로 여기지 않게 됩니다. 즉, 선한 것과 악한 것, 삶과 죽음, 인간과 하나님 어느 것도 당연한 것으로 여기지 않게 됩니다.

바로 그런 까닭에 이 질문은 지극히 개인적이면서도 많은 인도를 받아야만 하는 질문이기도 합니다. 지극히 개인적인 결단에 엄청난 후원이 필요한 이유도 바로 그 때문입니다. 그런 맥락에서 오랫동안 교육받고 인격이 형성된 후에도, 또 많은 사람들의 좋은 충고와 상담을 받은 후에도 지난날 단테가 했던 말을 동일하게 인용하게 됩니다. "인생 길의 한가운데서 내가 어두운 숲속에 있다는 사실을 알게 된다."[1] 이런 경험은 우리를 들뜨게 할 뿐만 아니라 두려움을 주기도 합니다. 우리를 혼자 있게 하는 경험, 즉 이 세상에서 그리고 하나님 앞에서 홀로 서 있게 하는 엄청난 경험이기 때문입니다.

내가 이 책을 쓰고자 했던 이유는 두 가지 확신을 얻었기 때문입니다. 내 삶이 나 자신에게 속한 것만큼이나 다른 사람들에게도 속해 있다는 사실과, 지극히 개별적인 체험이 인간됨의 공통적인 조건에 아주 단단하게 뿌리박혀 있는 경우가 많다는 사실입니다.

다음 장부터 나오게 될 이 책의 모든 내용을 통틀어서 한마디로 말한다면, 영적인 삶이란 우리의 '가장 깊숙한 자아로' '우리의 동료 인간들에게로' 그리고 '하나님께로' 향하는 발돋움입니다. 사실 '발돋움reaching out'은 이 책의 분위기와 의도를 가장 잘 표현해주고 있습니다. 소란스럽고 혼란스러운 삶 가운데서 우리는 용감하고 솔직하게 내면의 자아를 향해 발돋움하도록 부름을 받고 있습니다. 또한 깊은 관심을 가지고 이웃을 향하여 발돋움하도록, 또 기도로써 하나님을 향하여 점점 더 발돋움하도록 부름받았습니다. 그러나 이렇게 하기 위해서는 마음 속의 불안과 이웃을 향한 뒤섞인 감정과, 우리의 마음 속 깊이 자리잡은 하나님이 없다는 의심을 솔직하게 마주하고 탐구해야 합니다.

이 책에 이런 개인적인 배경이 깔려 있는 탓에 오랫동안 이 책을 쓰는 것을 망설였습니다. 나 자신도 스스로의 욕망과 연약함에 사로잡힐 때가 많은데 어떻게 내가 다른 사람들에게 발돋움에 대해서 말할 수 있는가? 그런 나에게 약간의 위로와 격려가 되었던 것은 매우 엄격한 고행자였던 7세기의 요한John of the Ladder이 했던 말이었습니다. 그는 40년 동안 시내 산에서 혼자 살았던 고행자였습니다. 분별에 대해 쓴 부분인 영적 사다리 26번째 계단에서 그는 이렇게 쓰고 있습니다.

> 과거의 나쁜 습관에 여전히 지배를 받으면서도 단지 말로만 가르칠 수 있는 사람들이 있다면, 그들이 가르치도록 내버려 두십시오. 언젠가는 자기가 한 말을 부끄러워하며 언젠가는 자신의 가르침을 실행할지도 모르니까요.[2]

내가 두려움을 물리치고 인간의 위대한 부르심, 즉 하나님을 향해 발돋움하고 하나님의 형상과 모양으로 지음받은 이들에게 발돋움하라는 소명을 마음놓고 설명하기에 충분한 말인 듯합니다.

성령에 속한 삶을 살기 위한 3단계

발전과 진보와 성취를 매우 중요하게 여기는 사회에서 영적인 삶은 다음 물음에 담겨 있는 관심사에 아주 쉽게 영향을 받습니다. 즉 "내가 얼마나 전진했지?", "영적인 길을 걷기 시작한 이래 나는 성숙해졌나?", "나는 지금 어떤 수준에 있고 어떻게 하면 다음 수준에 이를 수 있을까?", "언제쯤 하나님과 연합하는 순간에 이르게 되고 소명이나 깨달음을 경험하게 될까?" 이 질문들이 다 의미가 있기는 하지만 성공 지향적인 사회라는 배경에 비추어볼 때는 위험할 수 있습니다.

이제까지 많은 위대한 성도들이 그들의 종교적 체험에 대해 이야기했으며, 또한 비교적 덜 위대했다고 할 수 있는 성도들은 이 체험들을 여러 다른 양상과 수준, 단계로 체계화했습니다. 이런 구별들이 책을 쓰거나 그것을 사용하여 가르치려는 사람에게는 쓸모가 있습니다. '하지만 성령에 속한 삶' 에 대해서 이야기할 때에는 이런 판단의 세계를 뒤로하는 것이 매우 중요합니다. 개인적으로 지나온 세월을 되새겨보면 이렇게 서술할 수 있을 것입니다.

> 어른이 된 후 오랜 세월이 흐르고 난 다음 나는 스스로에게 이렇게 묻고 있다. "그리스도인으로서 나는 지금 어디에 있는

> 가?" 낙관할 만한 이유도 많지만 그만큼 절망할 만한 점도 많다. 20년 전의 갈등 중 많은 것들이 지금도 갈등으로 남아 있다. 나는 여전히 내적인 평안을 찾고 있고 다른 이들과의 창조적인 관계를 추구하며 하나님을 체험하기를 갈망한다. 지난 세월 동안에 일어났던 작은 심리적 변화들이 나를 얼만큼 영적인 사람으로 만들어놓았는지 알 수 있는 방법은 나 자신에게도 없고 누구에게도 없다.

하지만 이 한 가지는 말할 수 있습니다. 종종 해가 바뀌어도 짜증날 정도로 매한가지였던 걱정과 근심의 한가운데서 우리는 몇 가지 양극점들을 더욱 분명하게 깨닫게 된다는 것입니다. 우리의 삶은 그 양극점 사이를 왔다갔다하면서 그 중간에 불안하게 매달려 있습니다. 이 양극점들은 영적인 삶에 대해서 말할 수 있는 배경을 제시해줍니다. 예수 그리스도의 영으로 삶을 살려고 몸부림치는 사람들은 모두 그 양극점을 알아차릴 수 있기 때문입니다.

첫째 양극점은 우리가 자신과 맺는 관계에 대한 것입니다. 이 양극점은 '외로움'과 '고독' 사이의 양극입니다. 둘째 양극점은 우리가 다른 사람과 맺는 관계의 기본을 이룹니다. 이것은 '적대감'과 '따뜻한 환대' 사이의 양극입니다. 마지막 셋째로 가장 중요한 양극점은 우리가 하나님과 맺는 관계의 바탕을 이룹니다. 이것은 '환상'과 '기도' 사이의 양극입니다.

인생을 살아가면서 우리는 뼈아픈 고독에 대해서 더 알게 될 뿐만 아니라 우리가 마음의 고독을 참으로 갈망하고 있다는 점도 깨닫게 됩니다. 또한 우리와 같은 피조물인 인간에 대한 모진 적대감을 고통스럽게 알게 될 뿐만 아니라 그들을 무조건적으로 따뜻하게 맞아들이고자 하는 우리의 바람을 깨닫게 됩니다. 또 이 모든 것의 바탕에서 우리가 운명의 주인인 양 행동하게 만드는 끝없는 환상을 발견할 뿐만 아니라, 자아 가장 깊숙한 곳에 감추어져 있는 미덥지 않아 보이는 선물인 기도를 발견합니다.

그런 이유로, 영적인 삶은 외로움과 고독이라는 양극 사이와 적대감과 따뜻한 환대의 양극, 환상과 기도라는 양극 사이에서 일어나는 끊임없는 움직임입니다. 고통스럽지만 우리에게 외로움과 적대감과 환상이 있음을 고백하면 할수록 우리는 고독과 따뜻한 환대와 기도를 우리 삶의 한 부분으로 볼 수 있게 됩니다. 설사 오랜 세월이 지난 후, 예전보다 더 외로워하고 더 적대적이고 더 환상으로 가득 차 있음을 자주 느낄지라도, 이런 모든 아픔을 통해서 고독과 따뜻한 환대와 기도의 삶을 향해 발돋움하려는 우리의 마음이 더욱 깊어지고 분명해졌음을 더 분명히 알 수 있습니다.

그렇기 때문에 영적인 삶에 대해 글을 쓰는 것은 마치 네거티브 필름에서 사진을 인화하는 것과 같습니다. 아마도 고독에 대해 머뭇거리면서 첫 줄을 쓸 수 있게 된 것은 바로 외로움에 대한 체험 덕분입니다. 또한 우리가 남을 따뜻한 마음으로 받아들이는 길을 진정으로 선택해야 한다고 말할 수 있는 것도 바로, 적대감을 품고 있는 자아와 우리가 맞부딪쳤기 때문입니다. 또한 자신이 갖고 있는 환상을 불안한 마음으로 발견하지 못했다면, 기도에 대해 말할 수 있는 용기도 절대 못 찾을 것입니다.

많은 경우 우리가 탁 트인 들판에 대해서 말할 때는 어두운 숲에 있을 때입니다. 또 많은 경우 감옥이 우리로 하여금 자유에 대해서 생각하게 만들고, 배고픔이 음식에 대해 감사하게 해주고, 전쟁이 우리에게 평화에 대해 말하게 합니다. 미래에 대한 이상은 현재의 고통에서 생기는 경우가 결코 적지 않으며 다른 이들에 대한 소망은 자신의 절망에서부터 나오는 경우가 많습니다. '해피 엔딩' 이 정말로 우리를 행복하게 해주는 경우는 거의 드물며, 오히려 누군가가 신중하고 솔직하게 삶의 애매모호한 점들과 불확실한 점, 고통스런 상황들에 대해서 분명히 얘기해준 것이 우리에게 새로운 소망을 줍니다. 참으로 역설적인 사실은, 새로운 생명은 옛것의 아픔에서 생겨난다는 점입니다.

예수님의 삶을 통해 우리는 영적인 삶에는 샛길이 없다는 점을 분명히 알게 되었습니다. 외로움이나 적대감이나 환상을 피해가면 고독과 따뜻한 환대와 기도에는 결코 이를 수 없을 것입니다. 옛 생명 가운데서 발견할 수 있는 새로운 생명을 과연 온전히 실현할 수 있을지 우리는 확실히 알 수 없을 것입니다. 우리는 외로움을 느끼면서, 다른 사람들에 대해 적대감을 품은 채, 죽을 때 환상을 고스란히 이고서 무덤 속으로 들어갈지도 모릅니다. 많은 사람들이 그렇게 죽는 것 같습니다. 하지만 예수님께서 자기 십자가를 지고 자기를 좇으라고 하실 때(막 8:34)는, 깨어지고 죄로 얼룩진 우리의 처지를 극복하고 힘껏 발돋움하여 우리를 위해 예비해둔 위대한 것들을 드러내주는 삶을 살라고 부르고 계시는 것입니다.

영적인 삶을 산다는 것은 무엇보다 먼저 우리가 어정쩡하게 매달려 있는 우리 안의 양극점을 의식하게 되는 것을 뜻합니다. 그런 맥락에서 이 책은 세 부분으로 나뉘어 있고 각 부분은 영적인 삶의 각기 다른 움직임을 나타내고 있습니다. 외로움에서 고독으로 향하는 첫번째 움직임은 자신의 자아와 관련이 있는 영적인 삶에 주로 초점을 맞추고 있습니다. 적대감에서 따뜻한 환대로 향하는 두번째 움직임은 다른 사람을 위한 삶으로서의 우리의 영적인 삶을 다루고 있습니다. 환상에서 기도로 향하는 마지막 세번째 움직임은 모든 영적인 삶의 근원이 되는 가장 귀하고도 신비로운 관계인 하나님을 향한 관계에 대한 몇 가지 시험적인 공식을 제공하고 있습니다.

이런 세 영역의 움직임이 분명하게 구별되는 것이 아님은 강조할 필요조차 없습니다. 어떤 주제는 색조를 달리한 채로 다른 움직임 속에 되풀이해서 나타나며 마치 교향곡의 서로 다른 악장처럼 서로가 서로를 향하여 흘러들 때가 많습니다. 그러나 이런 구분을 통해서 우리가 영적인 삶의 서로 다른 요소들을 더 잘 깨달을 수 있고, 우리 마음 속 깊은 곳에 있는 자아와 동료 인간들과 하나님께로 발돋움할 수 있게 되기를 바랍니다.

1부

자아를 향한 발돋움

첫번째 움직임
외로움에서 고독으로

외로움으로부터 도망가고 그것을
잊거나 부인하려고 하는 대신 그 외로움을 지켜서
생산성 있는 고독으로 바꾸어야합니다.

Reaching Out 1

가슴을 후비는 외로움

많은 파티들과 친목 모임들이 끝나면 공허함과 서글픔이 느껴지는 것은 왜일까요? 아마도 내면 깊숙이 뿌리박혀 가끔씩 자기도 모르게 느끼는 경쟁심 탓에 서로에게 자신을 드러내지 않아, 파티가 끝남과 동시에 사라져버리는 관계이기 때문일 겁니다.

끊임없이 밀려드는 공허함과 서글픔에 대하여

외로움이라는 고통스런 경험을 살펴보는 일은 결코 쉬운 일이 아닙니다. 여러분은 될 수 있으면 외로움을 멀리하고 싶어합니다. 하지만 외로움은 누구든지 살아가면서 어느 순간엔가는 겪게 되는 체험입니다. 어렸을 때 반 아이들에게 사팔뜨기라고 놀림을 당하거나 사춘기 시절에 친구들에게 전혀 인기가 없었을 때 여러분은 외로움을 느꼈을지도 모르겠습니다. 기숙사에서 집이 그리워졌을 때, 혹은 자신의 힘으로 어쩔 수 없었던 부당한 규칙에 분개했을 때 그런 감정을 느꼈을 수도 있습니다. 대학을 다니던 젊은 시절, 주위의 모든 사람들은 점수에만 연연해하고 좋은 친구는 눈을 씻고 찾아봐도 없었을 때, 또는 모임에서 여러분이 내놓은 제안에 아무도 관심을 기울이지 않을 때 그런 감정을 느꼈을지도 모릅니다. 선생님이라면 공들여 준비한 강의에 학생들이 전혀 반응을 나타내지 않았을 때, 또 설교자라면 훌륭한 취지를 담은 설교를 하는데 회중들이 졸고 있을 때 그런 감정을 느꼈을 것입니다. 어쩌면 지금도 매일 그런 감정을 느끼고 있을지 모릅니다. 간부 모임을 할 때나 회의중에, 상담중에, 또 사무실에서 일하는 긴 시간 동안, 단조로운 노동을 하고 있을 때나 따분한 책에서 눈을 떼서 멍하니 다른 곳을 바라보고 있을 때 그런 감정을 느낄 수도 있습니다. 실제로 모든 사람들은, "외로워"라고 중얼거리게 되는 내면의 이상한 고통과 정신적인 허기, 마음잡을 수 없는 불안함을 경험하게 되는 것과 비슷한 상황이나 훨씬 극적인 상황을 떠올릴 수 있을 겁니다.

외로움은 가장 보편적인 인간의 경험 중 하나이긴 하지만 오늘날의 서양 사회는 외로움을 너무 지나치게 의식하게 만들었습니다. 얼마 전 뉴욕 시에 갔을 때 나는 나 자신에게 이렇게 썼습니다.

> 전철 안 내 주위에는 입을 굳게 다문 채 신문을 읽거나 공상에 빠져 멍하니 다른 곳을 쳐다보는 사람들이 있다. 낯선 사람에게 말을 걸려는 사람은 아무도 없고 순찰중인 경찰관을 보면서 내가 계속 되새긴 것은 사람들이 서로를 도우려고 나서지 않는다는 점이다. 그러나 둘러보면 물건을 더 많이 사달라거나

> 새로운 상품을 사라고 권유하는 선전 벽보 속의 장면들이 눈에 들어온다. 부드럽게 포옹한 채로 서로 즐거워하고 있는 젊고 아름다운 사람들, 빠르게 달리는 요트를 타고 서로를 향해 웃고 있는 쾌활한 남녀들, 대담한 모험을 해보라며 말에 올라탄 모습으로 서로 격려하는 자신만만한 탐험가들, 햇빛이 눈부시게 내리쪼이는 해변에서 춤추며 뛰노는 겁없는 아이들, 여객기와 호화 여객선에서 언제라도 나를 모실 준비가 되어 있는 매력적인 아가씨들이다. 지하철은 어두운 터널을 차례차례 지나가고 나는 넣어둔 곳에 돈이 잘 있는지 온통 신경을 곤두세우고 있다. 그러는 동안, 온통 두려움뿐인 나의 세계를 장식하고 있는 여러 말과 영상은 사랑과 온유함과 부드러움에 대해서 또 사람들이 자연스럽게 함께 어울리는 단란함에 대해서 이야기하고 있다.

우리가 살고 있는 이 사회는 외로움에 대해서 아주 민감하게 느끼게 합니다. 가장 친밀한 관계일지라도 경쟁과 대결의 일부가 되어버린 세계에서 살고 있다는 사실을 점점 더 느끼게 됩니다.

도색 잡지는 아마도 당연한 결과의 하나인 듯싶습니다. 그것은 돈으로 살 수 있는 친밀감입니다. 많은 '포르노 가게'에서는 수많은 외로운 젊은이와 늙은이들이 자기를 알아보면 어쩌나 하는 두려움을 잔뜩 품은 채 여자들의 누드 사진을 말없이 들여다봅니다. 그들의 마음은 그 사진들에 이끌려서, 누군가 그들의 외로움을 없애줄 은밀하고 밀폐된 장소로 들어갑니다. 그 사이에도 바깥 거리는 생존을 위한 잔인한 투쟁으로 조용할 날이 없으며 포르노 코너들조차도 그 시끄러운 소리를 잠잠하게 할 수는 없습니다. 특히 가게 주인이 손님들에게 '보지만 말고' 사라고 재촉할 때는 확실히 그렇습니다.

외로움은 오늘날 인간 고통의 가장 보편적인 원인 중 하나입니다. 정신과 의사와 임상 심리학자들에 따르면 외로움은 사람들이 제일 흔하게 털어놓는 불만이며 늘어나는 자살의 원인이라고 합니다. 뿐만 아니라 알코올 중독과 마약 복용, 다양한 심신 증후군들, 예를 들면 두통, 위통, 요통의 원인이며 수많은 교통사고의 원인이라고 합니다. 하나됨과 일치와 공동체를 이상으로 삼고 있는 문화를 경쟁적인 개인주의와 조화시키려는 이 세계 속에서, 어린이들과 청소년, 성인들과 노인들은 외로움이라는 전염성 질환에 걸릴 가능성이 점차 높아지고 있습니다.

많은 파티들과 친목 모임들이 끝나면 공허함과 서글픔이 느껴지는 것은 왜일까요? 아마도 내면 깊숙이 뿌리박혀 가끔씩 자기도 모르게 느끼는 경쟁심 탓에 서로에게 자신을 드러내지 않아, 파티가 끝남과 동시에 사라져버리는 관계이기 때문일 겁니다. 우리를 언제나 환영해주는 모임에 안 간다고 해서 큰 문제가 되지 않으며, 또 모든 사람이 참석할 수 있는 모임에 누군가 안 왔다고 해서 특별히 서운해할 사람은 없을 것입니다. 음식도 푸짐하게 있고 그 음식을 먹을 사람도 충분히 있지만, 음식이 사람들에게 일체감을 심어주는 것 같지도 않고 파티장에 도착했을 때보다 더 외로움을 느끼면서 파티장을 떠나는 경우도 드물지 않습니다.

우리가 쓰는 말도 외로움을 드러낼 뿐입니다. "어서 오세요, 만나서 반갑습니다 … 제 절친한 친구를 소개해드릴게요. 반가워할 거예요 … 말씀 많이 들었습니다. 이렇게 직접 만나뵈니 영광입니다 … 말씀을 아주 재미있게 하십니다. 사람들이 아주 좋아하겠어요 … 이렇게 만나뵙고 함께 말씀 나누게 되어서 즐거웠습니다 … 다시 만날 수 있기를 진심으로 바랍니다. 언제나 환영입니다. 친구분이랑 같이 오셔도 괜찮습니다 … 또 오세요." 이 말은 상대방과 친밀해지고 상대방을 받아들이고자 하는 바람을 보여주지만 사회가 외로움의 고통을 고쳐주지 못한다는 슬픈 현실을 보여주기도 합니다. 왜냐하면 어느 누구도 우리 안으로 들어오게 할 수 없을 때 진정한 고통을 느끼기 때문입니다.

외로움의 뿌리는 매우 깊기 때문에 낙관적인 선전, 사랑을 대체하는 이미지들이나 사교 모임으로는 해결할 수 없습니다. 그 뿌리는, 조건 없이 자신에게 관심을 보이거나 사랑을 베풀어줄 사람은 아무도 없으며 이용당할 염려없이 자신의 연약함을 드러낼 수 있는 곳은 어디에도 없을 것이라는 의심을 먹고 자랍니다. 날마다 겪는 사소한 거절감, 이를테면 비아냥거리는 웃음과 버릇없는 말, 톡 쏘아붙이는 말, 차가운 침묵은 아무런 악의도 없고 신경쓸 가치조차 없을지도 모릅니다. 만약 그 모든 것들이 우리에게, 친구들이 떠나고 흑암 가운데서 철저히 혼자만 남는 상황(시 88:18 참조)에 대해 인간으로서 갖는 기본적인 두려움을 끊임없이 일으키지 않는다면 말입니다.

고통스러운 공허감 피하기

위협적이고 대면하기 힘든 것이 바로 가장 기본적인 인간의 외로움입니다. 혼자 있게 되는 상황에 처하지 않기 위해 어떤 일이든 하려고 할 때가 참으로 많습니다. 또 때때로 이런 상태를 떠올리지 않게끔 하는 교묘한 방법을 만들어내기도 합니다.

우리의 문화는 고통을 피하는 데는 가장 세련되었습니다. 그 고통에는 신체적인 고통뿐만 아니라 정서적이고 정신적인 고통도 포함됩니다. 우리는 시신들이 마치 여전히 살아 있는 것처럼 꾸며 장사지냅니다. 그뿐 아니라 우리가 느끼는 고통을 마치 있지도 않는 것처럼 묻어버립니다. 이런 무감각 상태에 너무나 길들여진 나머지 주의를 끌 만한 대상이나 사람이 아무도 없을 때 우리는 안절부절못합니다. 끝내야 할 프로젝트나 함께 놀러갈 친구, 읽을 책, 텔레비전이나 레코드가 없이 철저히 혼자만 남았을 때 우리는 두려워합니다. 즉, 기본적인 인간의 홀로됨을 매우 가까이 들여다보게 되고 또 뼛속까지 파고드는 외로움을 느낄까 봐 두려워서 무엇인가 우리를 분주하게 만드는 일을 다시 시작하거나 다 잘될 것이라고 생각하게 하는 게임을 계속할 것입니다. 존 레넌은 이렇게 말합니다. "당신의 고통을 느껴라." 하지만 그것은 얼마나 어려운 일인지요!

1973년에 교육 방송은 캘리포니아 주 샌타바버라에 사는 한 가족의 삶을 그린 연속물을 방영했습니다. '어떤 미국인 가정' 이라는 제목으로 만든 이 연속물은 라우드 부부와 다섯 자녀의 일상적인 삶을 솔직하고 숨김없이 그렸습니다. 이 '평범한 가정' 에 대한 얘기는 라우드 부부가 이혼하는 대목과 장남이 동성 연애자라는 대목에서 시청자들에게 충격을 주긴 했지만, 사실 다른 가정들도 자세하게 다큐멘터리 영화로 추적해본다면 그 영화의 이야기처럼 충격적이었을 것입니다.

가족 모두의 허락과 양해를 받고 만든 이 다큐멘터리 영화는 그 가정이 미국인들에게 하나의 본보기로 예시될 수 있다는 환상을 벗겨주었을 뿐만 아니라, 어떤 대가를 치르고서라도 고통을 경험하지 않으려는 인간의 성향을 고통스러울 만치 자세하게 보여주었습니다. 라우드 일가는 고통스런 문제점들을 그대로 덮어두었으며 난처한 상황들은 거부했습니다. 라우드 일가에서 아내이자 어머니였던 패트의 "내게 불편한 느낌을 주는 것들은 딱 질색이야" 라는 표현에 이 태도가 잘 나타나 있습니다. 그러나 이렇게 고통을 피하는 태도의 필연적인 결과는 18세인 아들의 말에서 잘 알 수 있습니다. "보다시피 일곱 명의 외로운 사람이 필사적으로 서로를 사랑하려고 하지만 안 됩니다."[1]

필사적으로 서로를 사랑하려고 하면서도 결국은 사랑하지 못하는 사람들이 점점 많아지는 이 사회에서 라우드 일가는 사실 특이한 가정이 아니라 여러 면에서 '일반적인' 가정입니다. 이 점을 깨닫기란 그리 어려운 일이 아닙니다. 많은 부분에서 이런 현상은 외로움이라는 고통과 대면하지 못하기 때문에 일어난 것이 아닙니까? 외로움에서 멀리 달아나려 하고 또 사람들이나 특별한 경험에 마음을 빼앗김으로써 자신이 처한 곤경에서 실제적으로는 빠져나오지 못하고 있습니다.

우리는 이루어지지 않는 많은 바람들로 가슴 아파하고 성취할 수 없는 욕망과 기대 때문에 고민하는 불행한 사람들이 되려고 합니다. 우리의 모든 창조성은 외로움과 맞부딪치라고 요구하지 않습니까? 또한 이런 대면이 무서워서 자신을 표현하는 것을 그토록 제한하고 있지 않습니까?

> 글을 쓰려고 백지를 대하노라면 종이 위에 나의 말을 쓰기 전에 한 권의 책이라도 더 참조해보려는 자신을 발견한다. 어찌나 서성이는지 의자에 묶어야 할 정도이다. 바쁜 일과가 끝난 뒤 혼자서 자유로운 시간을 가질 때 나는 전화를 한 통화라도 더 걸거나 우체통에 한 번이라도 더 가보거나 그날의 마지막 몇 시간 동안 나를 즐겁게 해줄 친구에게 놀러가려는 충동과 싸워야 한다. 그리고 바빴던 하루에 대해서 생각할 때마다 가끔 의아해하는 것이 있다. 강의와 세미나, 학술대회, 과제와 시험으로 꽉 찬 교편 생활이 때때로 나를 즐겁게 하기는 하지만 사실은 내 기분을 완전히 바꿀 만큼 즐거움을 주지 못하며 오히려 내가 외로운 자아와 대면하는 것을 방해하고 있지는 않

나 하는 점이다. 실은 나의 외로운 자아가 바로 내가 제일 먼저 연구하고 조사해야 할 자료이어야 하는데 말이다.

이런 생활이 이끄는 피상적인 삶을 헨리 데이비드 소로우Henry David Thoreau는 이렇게 생생하게 그리고 있습니다.

> 삶이 내면적이고 사적인 것을 멈추었을 때 대화는 단순한 잡담에 지나지 않는다. 대부분 우리가 만나는 사람들이 얘기하는 것이라고는 신문에서 읽거나 이웃에게 들은 소식들뿐이다. 대개 우리와 우리의 동료의 차이점은 그는 신문을 보았거나 다른 사람들과 이야기를 나눈 반면 우리는 그렇게 하지 않았다는 것뿐이다. 내면의 삶이 실패한 것에 비례해서 우리는 끊임없이 필사적으로 우체통으로 달려간다. 확신할 수 있는 사실은, 엄청난 편지 왕래에 자부심을 느끼며 편지를 한아름 안고 우체통에서 돌아오는 불쌍한 사람은 그만큼 오랫동안 내면의 소리를 들은 적이 없다는 것이다.[2]

모든 학교가 지켜야 하는 첫째 임무는 학교의 특권인 자유 시간을 줌으로써—라틴어로 '스콜라schola'는 자유 시간을 의미한다—자신과 세상을 조금이라도 더 잘 이해할 수 있게 하는 것입니다. 자유 시간을 진정으로 자유롭게 만들고 교육이 또 다른 형태의 경쟁과 대결로 전락하지 않게 하는 것은 어려운 싸움입니다.

그러나 문제는 자유를 원하면서도 자유를 두려워한다는 점입니다. 바로 이 두려움 때문에 자신의 외로움을 그다지도 못 참고 '최종 해결책' 일 성싶은 것들을 조급하게 붙잡는 것입니다.

사랑의 관계를 발전시키는 내면의 비밀

이 세상에는 정신적인 고통이 많이 있습니다. 그러나 그 고통 중에는 그릇된 이유에서 나온 고통도 있습니다. 이는 그 고통이, 우리가 서로의 외로움을 없애주기 위해 부름받았다는 잘못된 기대에서 생겨난 것이기에 그렇습니다. 살아가다 외로움에 못 이겨 자신으로부터 떠나서 다른 이에게 기댄다면 결국 관계란 서로를 지치고 피곤하게 만들며 포옹으로 상대방을 옥죄는 관계가 돼 버립니다.

고통이 전혀 없고 아무런 분리됨도 느껴지지 않고 인간의 모든 불안함이 내적인 평안으로 바뀌는 순간이나 그런 장소는 꿈나라에나 있는 것입니다. 친구나 연인도, 남편이나 아내도, 공동체나 교제권도 하나됨과 일체감에 대한 깊디깊은 갈망을 잠재울 수는 없을 것입니다.

우리 자신은 종종 어렴풋하게나마 깨닫고 있는 사실이지만, 하나님이 채워주실 수 있는 기대들을 다른 이들에게 짐 지우기 때문에 값없이 주는 우정과 사랑을 표현하지 못하고 오히려 부족하고 연약하다고 느낄 수 있습니다. 서로에게 지나치게 매달리면 우정과 사랑은 발전할 수 없습니다. 사랑과 우정에는, 서로를 향해 다가서면서도 서로 떨어져 있을 수 있는 다정하고 편안한 공간이 있어야 합니다. 외로움에 지친 나머지, 함께라면 더 이상 외롭지 않을 거라는 기대를 품고 함께하고자 하는 한, 우리는 채워지지 않고 실제적이지도 않은 하나됨과 내적인 평안과 끊어지지 않는 교제를 경험하고자 하는 갈망을 품은 채 서로를 비난하게 됩니다.

가슴 아픈 일이지만, 사람들은 종종 가장 가까운 가족들로부터 사랑받지 못해서 그 외로움을 더욱 심하게 느끼다가, 자신들의 고통에 대한 마지막 해결을 추구하면서 메시아에 대한 기대감으로 새로운 친구와 새로운 연인, 새 공동체를 찾습니다. 머리로는 자신이 스스로를 속이고 있다는 것을 안다 할지라도 그들의 마음은 계속해서 이렇게 말합니다. "아마 이번에는 내가 알게 모르게 찾고 있던 것을 발견하게 될 거야." 부모나 형제 자매와 비참한 관계를 맺었던 사람이, 이제부터는 모든 것이 완전히 달라지리라는 희망으로 중대한 결과를 미치게 될 관계 속에 자신을 던져넣을 수 있다는 사실은 언뜻 보면 참으로 놀랍습니다.

많은 경우 이렇게 서둘러 맺어진 관계에서는 수많은 언쟁과 싸움, 비난과 그에 대한 맞비난, 터뜨리거나 그냥 눌러버린 분노의 순간들과 털어놓거나 털어놓지 않은 질투의 순간들이 자리를 차지하게 되는 경우가 많습니다. 그런데 그런 갈등의 뿌리는 다른 이의 외로움을 몰아내주어야 한다는 그릇된 주장에 있지는 않은가 생각해봅니다. 사실, '최종 해결책' 에 대한 열망 때문에 사람 사이의 친밀함을 좀먹는 파괴적인 폭력이 생기는 경우가 많습니다. 대부분 이 폭력은 의심과 속으로 하는 험담과 공상 속의 앙갚음으로 마음에 폭력을 가하는, 생각으로 하는 폭력입니다. 어떤 경우에 이 폭력은, 비난하고 불평하면서 평안을 깨뜨리는, 말로 하는 폭력이며 때때로 그것은 남에게 해를 입히는 위험스런 형태를 띠기도 합니다. 인간 관계에서 일어나는 폭력은 상대방에게 해를 줄 뿐만 아니라, 덜 받을수록 더 요구하는 악순환으로 자신을 이끌기 때문에 지극히 파괴적입니다.

우리가 사는 이 시대는 인간 관계의 민감함을 매우 강조하고 의사 소통의 능력을 계발하도록 장려하며 여러 모양의 신체적, 지적, 정서적 교감을 실험해보도록 권하는 시대입니다. 그래서 때때로 외로움과 슬픔을 느끼는 것은 서로 마음을 충분히 열지 않았기 때문이라고만 생각하기 쉽습니다. 어떤 경우에는 이 말이 맞는 말이기도 하며, 사실 많은 감수성 훈련 센터가 인간 상호간의 접촉 범위를 넓히는 데 크게 이바지하고 있습니다.

하지만 서로에 대해 진정으로 자신을 열어놓는 것은 진정으로 자신을 닫아놓는 것을 의미하기도 합니다. 왜냐하면 비밀을 간직할 수 있는 사람만이 제대로 자신의 것을 드러내 보일 수 있기 때문입니다. 아주 신중하게 자신만의 내적인 비밀을 지키지 않는다면 결코 공동체를 이룰 수 없을 것입니다. 우리로 하여금 서로에게 끌리게 하고 친구 관계를 이루게 해주며 오랫동안 지속적으로 사랑의 관계를 발전시켜주는 것이 바로 이 내면의 비밀입니다. 사람 사이의 친밀한 관계에는 서로 마음을 여는 것이 필요할 뿐만 아니라 존중하는 자세를 가지고 상대방의 독특함을 지켜주는 것이 있어야 합니다.

함께 있지만 너무 가깝지는 않게

인간 관계에서는 서로 숨기는 것이 전혀 없어야 하며 모든 것을 다 털어놓고 표현하고 전해야 한다는 그릇된 형태의 솔직함이 있습니다. 이 솔직함은 매우 해를 끼칠 수 있으며, 설사 해를 끼치지는 않는다 하더라도 최소한 그 관계를 시들게 하고 피상적이고 공허한 관계로 만들어버리거나 많은 경우 아주 따분한 관계로 만들어버립니다. 서로간에 아무런 경계선을 두지 않음으로써 외로움에서 벗어나려고 하면 가깝기는 하지만 무미건조한 관계가 되어버릴 것입니다. 내면의 성소를 위험스레 내비치지 않는 것이 우리가 해야 할 일입니다. 그것은 우리 자신을 보호하기 위해서일뿐만 아니라 창조적인 교제를 갖기 원하는 다른 사람들에 대한 봉사이기도 합니다. 침묵 끝에 나오지 않은 말은 그 힘을 잃어버리듯이 마음을 닫을 수 있는 능력이 없을 때 여는 것 또한 그 의미를 잃어버립니다.

이 세상에는 공허한 잡담과 쉽게 나오는 고백, 속이 빈 대화, 의미 없는 아첨, 서투른 칭찬, 따분한 비밀 얘기 천지입니다. 수많은 잡지사들이 우리가 항상 궁금해 하는 사람들의 비밀스런 인생 이야기들과 세세한 개인 사정들을 공개해줄 수 있다고 하면서 막대한 돈을 벌려고 합니다. 사실 그 잡지들에서 볼 수 있는 것이라고는 사람들에 대한 매우 따분하고 시시콜콜한 얘기들과 그들의 지극히 거만한 성향들뿐입니다. 게다가 이미 그 사람들의 삶은 과도하게 노출된 까닭에 시시하게 되어버린 것입니다.

다음 이야기가 말해주는 바와 같이, 미국인의 생활 방식은 폐쇄성에 대해서 미심쩍게 여기는 경향이 있습니다.

> 처음 미국에 왔을 때 나는 문을 열고 생활하는 이곳의 생활 방식에 충격을 받았다. 학교에서나 연구소에서나 사무실에서 모든 사람들이 문을 연 채로 일하고 있었다. 타이프를 치고 있는 비서들의 모습이 보였고 또 강의용 책상 앞에서 가르치고 있는 교사들의 모습과, 책상에 앉아 일하고 있는 공무원들과, 책을 읽고 있는 사람들의 모습을 훤히 볼 수 있었다. 마치 모든 사람이 "주저하지 말고 들어와서 어느 때든지 방해해도 됩니다"라고 말하고 있는 것 같았다. 대부분의 대화도 마찬가지로 열린 특성을 지니고 있었다. 사람들에게는 아무런 비밀이 없고 재정 상황에서 성생활에 이르기까지 어떤 문제든지 얘기할 수 있다는 인상을 받았다.

그러나 대부분 첫인상만 그랬고 두 번 세 번 볼수록 그들이 생각보다는 덜 개방적이라는 것을 느꼈습니다. 하지만 여전히 문을 닫는 것은 인기가 없고 삶의 비밀을 지켜주는 선을 긋기 위해서는 특별한 노력을 기울여야 합니다. 여러 모양으로 나타나는 소외에 대해서 아주 예민하게 의식하도록 만드는 이 시대에, 외로움이라는 체험에 대한 최종 해결책은 함께 있음에서 찾아야 한다는 환상을 떨쳐버리기가 어렵게 되었습니다. 이 환상 때문에 고통스러워하는 많은 부부들을 쉽게 만납니다. 대부분의 경우 그들은 하나됨을 통해서 '소속감'이 없는 데서 오는 고통스런 감정을 몰아낼 수 있다는 소망을 갖고 출발합니다. 그리고 완벽한 육체적 정신적 화합에 이르고자 필사적인 몸부림을 계속합니다.

많은 사람들은 부부 사이에 일정한 폐쇄성을 인정하는 것이 어렵다는 사실을 알게 되며, 어떻게 한계선을 그어야 할지를 모릅니다. 그런데 바로 이 한계선을 통해서 서로에 대해 항상 신선하고 놀라운 발견을 하게 되는 친밀감이 나옵니다. 서로에 대해 매달릴 필요가 없게끔 하면서도 서로의 생활권을 은혜롭게 넘나들게 하는 보호 경계선에 대한 갈망은 결혼식에서 자주 인용되는 칼릴 지브란의 글에서도 분명히 나타납니다.

> 함께 노래하고 춤추고 또 즐거워하되
> 서로 홀로일 수 있게 하십시오.
> 마치 수금이 줄이 따로 떨어져 있으나
> 같은 음악으로 함께 울리듯이
>
> 함께 서 있되 너무 가까이 머물러 있지는 마십시오.
> 성전의 기둥은 따로 떨어져 있으며

떡갈나무와 사이프러스나무는

서로의 그늘 속에서는 자랄 수 없기 때문입니다.[3]

광야에서 동산으로

하지만 절박한 외로움으로 우리의 의식 속에 자주 비집고 들어오는 이 본질적인 외로움을 어떻게 처리해야 합니까? 또 우정이나 사랑도, 결혼이나 공동체도 이 외로움을 없애줄 수 없다는 말은 무슨 의미일까요? 어떤 때는 환상이 현실보다 낫습니다. 외로움 가운데 부르짖다가 한순간이라도 그 품안에서 우리의 지친 몸과 마음이 쉼을 얻으면서 이해받고 용납받을 수 있는 순간적 경험을 누리게 할 그 누군가를 찾지 않을 이유가 무엇입니까?

이 질문은 상처받은 가슴으로부터 나온 것이기 때문에 어려운 질문입니다. 그러나 설사 우리를 어려운 길로 인도할지라도 이 질문에 귀를 기울여야 합니다. 그 어려운 길은 외로움에서 고독으로 바뀌는 전환의 길입니다. 외로움으로부터 도망가고 그것을 잊거나 부인하려고 하는 대신에 그 외로움을 지켜서 생산성 있는 고독으로 바꾸어야 합니다.

영적인 삶을 살려면, 먼저 외로움의 광야로 들어가서 조용하고 끈기 있는 노력을 통해 그 광야를 고독의 동산으로 바꾸는 용기가 있어야 합니다. 이 일을 하기 위해서는 용기가 필요할 뿐만 아니라 강한 믿음도 있어야 합니다. 거칠고 메마른 광야에서 오색 찬란한 꽃밭이 열릴 수 있다고 믿기 힘든 것처럼 외로움 속에 미지의 아름다움이 감추어져 있다고 믿기도 마찬가지로 어렵습니다. 그러나 외로움에서 고독으로 가는 이 움직임은 모든 영적인 삶의 시작입니다. 이 운동이 불안한 마음에서 평온한 영으로, 또 외향적인 갈망에서 내향적인 추구로, 두려운 매달림에서 두려움 없는 유희로 향하는 움직임이기 때문입니다.

한 젊은 학생이 최근에 자신이 체험한 일을 회고하면서 이렇게 썼습니다.

> 외로움이 막다른 끝이 아닌 문턱이 될 수 있다는 것과 무덤이 아닌 새로운 창조가 될 수 있으며, 또 어두운 심연이 아닌 만남의 장소가 될 수 있다는 가능성으로 나를 찾아왔을 때 시간은 더 이상 나를 끔찍하게 죄어오지 않았다. 그후로 나는 더 이상 놓쳐버린 기회로 인해 억눌리고 염려하면서 미친 듯이 일에 몰두하는 삶을 살지 않아도 되었다.

이것을 진실이라고 믿기란 매우 어렵습니다. 우리는 대부분의 경우 문제가 생기면 훌륭한 사람들에게 찾아갑니다. 마음 속으로는 은근히 그들이 우리의 짐을 덜어주고 외로움에서 자유롭게 해줄 것이라는 기대를 품습니다. 그들이 일시적인 위안을 주기는 하지만 결국 다시 혼자가 될 때는 이전과 똑같은 고통을 더 강하게 거듭해서 느낄 뿐입니다. 하지만 어떤 경우에는 보기 드문 사람을 만나기도 하는데 그는 이렇게 말하는 사람입니다. "우왕좌왕하지 말고 마음을 고요하게 하고 잠잠히 있으십시오. 당신 자신의 분투에 귀를 기울여 주의 깊게 들으십시오. 당신의 물음에 대한 대답은 당신 마음 속에 숨겨져 있습니다."

Zen Flesh, Zen Bones 라는 훌륭한 책에는 이런 만남에 대한 이야기가 있습니다.

> 다이주Daiju가 중국에 있는 바소Baso 선생을 찾아갔다. 바소가 이렇게 물었다.
>
> "무엇을 찾느냐?"
>
> "깨달음을 찾습니다."
>
> "네 안에 너의 보고寶庫가 있는데 어째서 밖에서 찾으려고 하느냐?"
>
> "저의 보고가 어디에 있습니까?"
>
> "네가 묻고 있는 것이 너의 보고이다."
>
> 그때 다이주는 깨달음을 얻었다.
>
> 그후로 그는 친구들에게 이렇게 권했다.
>
> "자네의 보고를 열고 그 보물을 쓰게나."[4]

진정한 영적 안내자는 무엇을 하고 누구를 찾아갈지를 말해주는 대신, 홀로 있으면서 자신의 경험 속으로 들어가는 모험을 권하는 사람입니다. 그런 영적 지도자는 메마른 땅에 물 몇 방울을 떨어뜨리는 것은 도움이 되지 않으며 그 대신 불평의 심연을 깊게 파내려가다 보면 그 곳에서 살아 있는 샘을 발견하리라는 사실을 알게 해줍니다.

친구 하나가 언젠가 이런 글을 썼습니다.

"우는 것을 배우는 것과 철야하는 것을 배우는 것과 새벽을 기다리는 것을 배우는 것, 아마도 이것이 인간이 된다는 의미일 걸세."

정말로 그렇게 생각하기란 쉽지 않습니다. 이번만은 다를 것이라고 은근히 바라면서 사람이나 책, 사건, 경험, 프로젝트와 계획에 끊임없이 집착하기 때문입니다. 우리는 자신을 마취시키는 수많은 종류의 수단들을 계속 사용해봅니다. 또 내면의 감수성을 민감하게 만들기보다는 기분을 더 좋게 해주는 '심리적 마비' 상태를 계속 찾아갑니다. 하지만 적어도 우리는 자신을 속이고 있다는 점을 스스로에게 일깨울 수는 있으며 또 막다른 길을 병적으로 선호하고 있음을 이따금씩 고백할 수 있습니다.

그렇지만 몇 번만이라도 우리가 자신의 혹독한 스승에게 순종하여 우리의 불안한 마음에 신중하게 귀를 기울인다면 다음 사실을 깨닫기 시작할 것입니다. 즉, 슬픔 가운데 기쁨이 있으며, 두려움 가운데 평안이 있고, 탐욕 가운데 동정할 수 있는 마음이 있으며, 또한 참으로 진저리나는 외로움 가운데서 고요한 고독의 시작을 찾을 수 있다는 사실을 말입니다.

Reaching Out 2

열려 있는 고독

외로움은 고독을 향해 성숙할 수 있습니다.
이 고독을 맛보게 되면 전혀 새로운 방식으로 하나님과
또 서로를 향해 묶일 수 있는 삶을 살게 됩니다.

마음의 고독과 외로움의 차이

고독이라는 말은 오해를 불러일으킬 수 있습니다. 이 말은 격리된 곳에서 혼자만 있는 것을 의미합니다. 은둔자에 대해 생각할 때 얼른 떠오르는 인상은 세상의 소음들이 차단된 외딴 곳에 사는 수도사나 은둔자에 대한 그림입니다.

사실 고독solitude 이라는 말과 은둔자solitary라는 말은 '혼자 있다' 라는 뜻의 라틴어 솔루스solus에서 유래했습니다. 여러 시대 동안 영적인 삶을 살고자 했던 많은 사람들은 은둔의 삶을 살기 위해 광야나 깊은 산속 같은 외딴 곳으로 떠났습니다.

어지러운 세상으로부터 떨어져 있지 않은 채 외로움에서 고독으로 발전시킬 수 있다는 것은 어려운 일임에는 틀림없는 것 같습니다. 그런 이유로 영적인 삶을 계발하려고 진지하게 노력했던 사람들이 제한된 시간 동안 어떤 경우에는 영원토록 홀로 있을 수 있는 장소나 환경에 매력을 느꼈다는 점은 충분히 이해가 갑니다. 하지만 정말로 중요한 고독은 마음의 고독입니다. 마음의 고독이란 물리적으로 떨어져 있는 것에 좌우되지 않는 내적인 소양이나 태도입니다.

신체적으로 격리되는 것이 마음의 고독을 계발하는 데 필요하기도 합니다만, 영적인 삶의 이런 필수적인 측면을 수도사나 은둔자의 특권으로만 생각한다면 안타까운 일이 아닐 수 없습니다. 고독은 거대한 도시 한가운데서, 많은 사람들이 북적거리는 틈에서, 활동적이고 생산적인 삶을 사는 가운데서도 가능하고 또 유지될 수 있습니다. 고독이 계발될 수 있는 인간의 자질 가운데 하나라는 점이 무엇보다도 중요하다고 생각합니다.

주의 깊게 관찰하면서 살아가다 보면 우리는 외로움 가운데 있는 것과 고독 가운데 있는 것의 차이를 익힐 수 있습니다. 사무실이나 집, 인적 없는 대합실에 홀로 있을 때 여러분은 마음을 불안하게 하는 외로움으로 괴로워하고 있을 수 있습니다. 교실에서 가르칠 때나 강의를 들을 때, 영화를 보거나 수다를 떨며 '행복한 시간'을 보낼 때 여러분은 외로움에 울적한 감정을 느낄 수도 있습니다. 하지만 그때 자신의 고독의 고요한 중심으로부터 말하고 듣고 보는 사람이 누리는 깊은 만족을 느낄 수도 있습니다.

주위에 있는 사람들 중에 불안한 사람과 평안한 사람, 쫓기며 사는 사람과 자유롭게 사는 사람, 외로운 사람과 홀로 있는 사람을 구별하기란 그리 어렵지 않습니다. 마음의 고독을 가지고 살 때 다른 사람들의 말과 다른 사람들의 세계에 주의 깊게 귀를 기울일 수 있지만, 외로움에 쫓겨 살 때는 자신의 갈급한 필요에 즉각적으로 만족을 가져다줄 수 있는 말이나 사건들만을 고르려고 합니다.

그러나 이 세상은 외로운 사람과 고독한 사람이라는 두 편으로 정확하게 갈라져 있지 않습니다. 우리는 이 두 양극 사이에서 끊임없이 움직이고 있으며 우리의 위치는 시간이 지나고 날이 가고 해가 지날수록 달라집니다. 우리는 이런 움직임에 아주 제한된 영향밖에 미칠 수 없다는 사실을 털어놓아야만 하겠습니다. 알든 모르든 우리의 내적인 삶에는 수많은 요인들이 균형을 유지시켜주고 있습니다. 하지만 이런 내적인 긴장에 대한 민감성을 계발시키는 양극을 깨닫게 되면 더 이상 난감한 심정에 빠지지 않아도 되고 우리가 가고자 하는 방향을 구분하기 시작할 것입니다.

내면의 목소리에 귀 기울이기

내면의 민감성을 계발하는 것이 영적인 삶의 시작입니다. 사람 사이의 민감함을 강조하다 보면 때로는 자신의 내면의 목소리에 귀를 기울이도록 하는 민감성을 계발하는 것을 잊어버리게 되는 것 같습니다. 많은 사람들이 다른 사람들에게 도움과 충고와 상담을 구하는 것은 대부분의 경우 그들 내면의 자아와의 접촉이 끊겨버렸기 때문은 아닌지 생각하게 됩니다.

그들은 이렇게 묻고 있습니다. 공부를 더 해야 합니까, 취직을 해야 합니까? 의사가 되어야 할까요, 변호사가 되어야 할까요? 결혼을 해야 합니까, 독신으로 지내야 합니까? 이 자리를 그만두어야 합니까, 지금 이대로 머물러 있어야 합니까? 군대에 가야 합니까, 전쟁에 나가지 않겠다고 거부해야 합니까? 상사의 말을 따라야 합니까, 내 뜻대로 해야 합니까? 가난하게 살아야 할까요, 자녀의 비싼 교육비를 충당하기 위해 돈을 더 벌어야 할까요? 이 모든 어려운 질문들에 대답해줄 상담자는 이 세상에 그리 많지 않으며, 이 세상 사람들 절반이 나머지 절반에게 조언을 구하고 있는데 사실 양편 모두 어둠 가운데 앉아 있는 것처럼 생각될 때가 있습니다.

한편, 불안감에 못 이겨 다른 이에게 도움을 구하지 않을 때에라도 우리는 자기를 보호하려는 심정에서 다른 이들을 적대적으로 대하는 경우가 얼마나 많습니까? 때때로 다른 사람의 행동에 대해 험담하고 비난하며 그들의 삶의 선택에 대해 직설적으로 공격하는 것은, 우리가 가진 신념의 바탕이 견고하다는 것을 나타내기보다는 자아에 대해 의심하고 있다는 것을 보여주는 것 같습니다.

대답을 구하는 모든 사람들에게 가장 도움이 되는 조언은 라이너 마리아 릴케가 자신이 시인이 되어야 할지를 묻는 한 젊은이에게 주었던 말일 것입니다. 릴케는 이렇게 말하고 있습니다.

자네는 자네의 시가 훌륭한 것인지를 묻고 있네. 자네는 내게 묻고 있네. 자네는 이미 다른 사람들에게도 여러 차례 물어보았었네. 그 시들을 잡지사에도 보내보았네. 자네 시를 다른 시와 비교도 하고 어떤 편집자들이 자네가 수고하여 지은 시를 거절할 때는 마음이 흔들리기도 하네. 그런데 … 나는 그렇게 하지 말기를 바라네. 자네는 외부를 바라보고 있지만 무엇보다도 이제는 그렇게 해서는 안 되네. 아무도 자네에게 조언을 하거나 도움을 줄 수 없네. 아무도 말일세. 길은 오직 하나밖에 없다네. 자네 자신을 깊이 살펴보게나.

자네에게 글을 쓰게 만드는 이유를 탐구하게. 자네 마음 가장 깊은 자리에 그것이 뿌리 내리고 있는지를 살펴보고, 글을 써서는 안 된다고 하면 자네는 차라리 죽고 싶은 마음이 드는지 자신을 시험해보게나. 무엇보다도 이렇게 해보게. 한밤중 가장 고요한 시간에 일어나 스스로에게 이렇게 물어보게나. '내가 반드시 시를 써야만 하는가' 라고 말일세. 자신을 깊이 파고들어가 깊은 대답을 얻어내게나. 그 대답이 긍정적이라면, 만약 이런 진지한 질문에 대한 대답이 강하고 단순하며 '반드시 써야' 하는 것이라면 그 필연적인 요구에 따라 살아가게나. 자네의 가장 무심하고 하찮은 시간도 반드시 이런 강한 추진력의 표시요, 그에 대한 증거가 되어야 하네.[1]

고독은 참된 공동체가 이루어지는 토대

조금씩 외로움이 깊은 고독으로 바뀜에 따라 우리 내면의 필연적인 요구에 대해서 자신에게 말해주는 목소리를 발견할 수 있는 귀중한 기회를 얻기도 합니다. 만일 우리의 질문과 문제와 관심사들이 고독 안에서 시험되고 성숙되지 않는다면 정말로 우리 스스로의 대답을 기대한다는 것은 있을 수 없습니다. 참으로 많은 사람들이 자기들이 가진 사상과 의견과 관점을 마치 자신들의 것인 양 주장하고 있습니다.

때때로 지적인 대화라는 것은 적절한 때에 적절히 권위 있는 말을 인용하는 능력이 되어버리고 맙니다. 가장 직접적인 관심사들, 이를테면 삶과 죽음의 의미와 가치에 대한 문제 같은 것들도 그 시대에 유행하는 관점에 의해 영향을 받을 수 있습니다. 종종 우리는 불안한 마음으로 대답을 찾으면서 이 사람 저 사람, 이 책 저 책, 이 학교 저 학교를 전전하지만 정말로 그 질문에 신중하고 주의 깊게 귀를 기울이지는 않습니다. 릴케는 그 젊은 시인에게 이렇게 말하고 있습니다.

> 자네에게 정말로 바라고 싶은 바는 … 자네 마음 속에 해결되지 않은 모든 것들에 대해 인내심을 가지고 그 문제 자체를 사랑하라는 것일세 … 자네가 그것들을 삶으로 실천할 수 없기 때문에 대답이 주어지지 않는다면 지금은 구하지 말게. 중요한 점은 모든 것을 삶으로 나타내는 것이라네. 지금은 그 질

> 문들을 삶으로 나타내게. 아마도 어느 정도의 기간을 살아가노라면 깨닫지 못하는 사이에 자네는 점차 그 대답에 이르게 될걸세 … 무슨 일이 일어나든 커다란 확신을 가지고 받아들이게. 만일 그것이 자네 자신의 뜻과 자네 내면의 존재의 어떤 필요에서 나온 것이라면 그것을 받아들이고 아무것도 꺼려하지 말게나.[2]

이렇게 하는 것은 매우 어려운 일입니다. 왜냐하면 우리는 이 세상에서 끊임없이 내면의 자아로부터 빠져나오고, 질문에 귀를 기울이기보다는 대답을 구하게 되기 때문입니다. 외로운 사람에게는 내면의 질문이 없습니다. 외로운 사람은 대답을 원하며 그것도 지금 당장 원합니다. 그러나 고독 속에서는 우리 내면의 자아에 주의를 기울일 수 있습니다. 이것은 자기 중심주의나 병적인 자기 성찰과는 다릅니다.

릴케가 말했듯이, “당신 내면 가장 깊숙한 존재에서 일어나고 있는 것은 당신의 사랑을 모두 받을 만한 것”[3]이기 때문입니다. 고독 안에서 우리는 자신과 만나게 됩니다. 앤 모로우 린드버그Anne Morrow Lindbergh가 말했듯이, 거기서 우리는 “바로 지금 여기에서 어린아이처럼 또는 성자처럼”[4] 살 수 있습니다. 고독 가운데서는 “모든 날들과 모든 행동은 하나의 섬으로, 시간과 공간에 의해 닦여서 섬으로서의 완성된 모습을 가지고 있습니다.”[5] 거기서 우리는 다른 이들에게 다가감으로써 그들을 만날 수 있게 되는데 그

때는 관심과 애정을 갈망하는 것이 아니라 사랑의 공동체를 세우고자 우리 자신을 주게 됩니다. 고독은 우리가 동료들로부터 눈을 돌리게 하지 않으며 오히려 그들과 진정한 교제를 나눌 수 있게 해줍니다. 트라피스트회 수사인 토머스 머튼Thomas Merton은 그 점을 누구보다도 잘 표현한 바 있습니다. 그는 인생의 말년을 은자로 지냈지만 명상하면서 보낸 고독을 통해서 다른 이들과 아주 가까운 교제를 나눈 사람입니다. 1950년 1월 12일에 그는 일기를 썼습니다.

> 내가 형제를 진정으로 사랑할 수 있게 해주는 온유함을 발견하게 되는 것은 바로 깊은 고독 가운데서이다. 나는 홀로 있을수록 그들에 대해 더 깊은 애정을 갖는다. 그것은 순수한 애정이며 다른 이들의 고독에 대한 존중으로 충만한 애정이다.[6]

머튼 수사가 자신의 삶이 영적인 성숙함 가운데 자라갈수록 놀랄 만큼 명료하게 볼 수 있었던 것은, 고독 때문에 자신이 다른 사람들과 분리되는 것이 아니라 오히려 그들과 깊이 연합하게 된다는 점이었습니다. 이런 통찰이 머튼 수사에게 얼마나 큰 힘을 미쳤는지는 그가 잠깐 동안 루이스빌을 다녀간 후에 쓴 감동적인 글에 잘 드러나 있습니다. 그곳에서 그는 번화가를 분주히 오가는 사람들을 지켜보면서 이렇게 썼습니다.

우리(수사들)가 비록 '세상에서 벗어나' 있긴 하지만 우리도 다른 모든 이들과 마찬가지로 그들과 같은 세계에 살고 있다. 즉, 폭탄이 있고 인종간의 대립이 있으며 기술이 발전하고 대중 매체에 의해 움직이고 대규모 사업과 혁명, 그 밖의 모든 것들이 있는 이 세계에 우리는 존재한다. 하지만 우리는 하나님께 속하였기 때문에 이 모든 것에 대해서 그들과는 다른 태도를 갖고 있다. 그렇지만 사실 그들도 마찬가지로 하나님께 모두 속해 있지 않은가. … 다르다고 생각했던 착각에서 벗어난 이 해방감은 내게는 너무나 깊은 안도감과 큰 기쁨을 주었기에 나는 크게 소리내어 웃을 뻔했다. 내가 느낀 행복감을 말로 표현했다면 이렇게 쓸 수 있었을 것이다.

"하나님, 감사합니다. 제가 다른 사람들과 같은 사람인 것과 제가 그들 중에 한 사람인 것을 감사드리나이다." … 인류의 한 일원이 된다는 것은 영광스러운 운명이다. 설사 그들이 수많은 어리석은 일에 골몰해왔고 수많은 끔찍한 실수를 저지르는 종족이라 할지라도 말이다. 어쨌든 그럼에도 불구하고 하나님 자신이 인류의 한 일원이 되심으로 영광을 받지 않으셨는가? 갑자기 이런 평범한 깨달음이 마치 내가 엄청난 액수의 복권에 당첨되었다는 소식같이 느껴졌다.

나는 하나님이 성육신하셨던 종족의 일원인 인간이라는 엄청난 기쁨을 느낀다. 인간으로서 처한 환경이 가져다주는 슬픔과 어리석음이 나를 압도했듯이 이제 나는 우리 모두가 누구인가를 깨달았다. 이 사실을 모든 사람이 알 수만 있다면! 하지만 그것을 말로 설명할 수가 없다. 그들 자신이 마치 태양처럼 빛을 내며 다니고 있다는 사실을 사람들에게 말해줄 방도가 없는 것이다.

이것은 내 고독의 의미와 가치에 아무런 변화도 주지 않는다. 사실 다른 관심사나 다른 착각, 매우 집단적인 삶에서 연유한 모든 무의식적인 관성에 완전히 빠져 있는 사람은 도저히 알 수 없는 이런 사실을 명확하게 깨닫게 해주는 것이 고독의 기능이기 때문이다. 하지만 내 고독은 나 자신만의 것이 아니다. 왜냐하면 그것이 그들에게 얼마만큼 속해 있는지를 이제는 내가 알며, 단지 나에 대해서만이 아니라 그들에 대해서도 그 고독에 대한 책임을 지고 있다는 사실을 알기 때문이다. 나의 고독은 그들 덕택이고 내가 홀로 있을 때 그들이 '그들'이 아니라 바로 나 자신인 까닭은 내가 그들과 더불어 있는 존재이기 때문이다. 이방인이란 없는 것이다![7]

자신의 개인적인 경험을 통해서 머튼은 고독이 다른 이들에 대한 애정을 깊게 해줄 뿐만 아니라 참된 공동체가 이루어질 수 있는 토대라는 점을 배웠습니다. 머튼 자신은 수도사로서 처음에는 수도사 공동체에서 살았고 나중에는 은둔 생활을 했지만, 이 글과 다른 글들을 통해 분명히 알 수 있는 점은 그에게 정말로 중요한 것은 신체적인 고독이 아니라 마음의 고독이었다는 점입니다.

마음의 고독이 없으면 우정과 결혼과 공동체 생활의 친밀감은 창조될 수 없습니다. 마음의 고독이 없으면 우리가 이웃과 맺는 관계는 쉽사리 빈곤해지고 욕심을 내어 무엇인가를 바라게 되며, 집착하고 매달리게 되며, 의존하고 감상에 빠지게 되며, 상대방을 이용하려 하고 상대방에게 지나치게 의존하게 됩니다. 왜냐하면 마음의 고독이 없이는 다른 사람을 자신과는 다른 존재로 경험할 수 없고, 숨겨져 있는 자신의 욕구를 충족시키기 위한 수단으로만 사람들을 경험하는 경우가 많기 때문입니다.

고독 속에서 내면의 하나됨을 느끼기

사랑의 신비라는 것은 사랑이 다른 이가 홀로 있는 것을 지켜주고 존중한다는 것이며, 사랑이 그 사람에게 자유로운 공간을 만들어주어서 그가 자신의 외로움을 다른 사람과 함께 나눌 수 있는 고독으로 바꿀 수 있게 해준다는 것입니다. 이런 고독 속에서 우리는 서로를 존중하고 또 개인으로서 각자의 존재를 조심스럽게 고려해주고, 상대방의 프라이버시를 보호하는 차원에서 거리를 지켜주고 또 인간 마음의 신성에 대해서 경외하는 자세로 이해하는 태도를 통해 서로를 강건하게 세워줄 수 있습니다. 이런 고독 속에서 서로를 격려하여 깊숙한 내면적 존재의 침묵 가운데로 들어가 그곳에서 인간들간의 친교가 지닌 한계를 넘어서는 새로운 연합으로 부르는 소리를 발견합니다. 이런 고독 속에서 친구들과 사랑하는 이들을 품으시고 또 우리를 먼저 사랑하심으로써 우리에게 서로를 사랑할 자유를 주시는 그분의 임재를 점차적으로 의식하게 될 것입니다(요일 4:19 참조).

이 모든 것이 신종 낭만주의처럼 들릴 수도 있지만 우리 자신의 아주 구체적인 경험과 관찰을 통해 그것이 사실주의라는 것을 알게 될 것입니다. 많은 경우 외로움이라는 체험이 고독의 체험보다 더 강하다는 것과 고독에 대한 말은 외로움의 고통스러운 침묵에서 나온다는 것을 고백해야 합니다. 하지만 어떤 때는 직접적으로 알게 되는 행복한 순간이 있어서 우리의 소망을 확인시켜주고 우리를 격려함으로써 그 깊은 고독을 찾도록 해주기도 합니다. 그 고독 속에서 우리는 내면의 하나됨을 느끼고 동료 및 하나님과 연합하여 살 수 있습니다.

어느 날 한 사람이 내 방에 찾아왔던 때가 지금도 생생하게 기억납니다. 내 강의를 들었던 학생인데 학교에 들렀다가 이렇게 내 마음을 누그러뜨리는 말을 건네면서 내 방으로 들어왔습니다.

"이번에는 문제가 있어서 온 것이 아니고 교수님께 질문할 것도 없습니다. 상담을 하거나 조언을 구하려는 것도 아니고 그냥 선생님과 오붓한 시간을 보내고 싶어서 왔어요."

우리는 서로 바닥에 마주 앉아서 지난해 삶이 어떠했는지에 대해서, 직장과 우리가 같이 알고 있는 사람들에 대해서, 마음의 불안함에 대해서 얘기를 나누었습니다. 시간이 갈수록 서서히 우리는 말을 드문드문 하게 되었습니다. 우리를 안절부절못하게 하는 침묵이 아니라, 지난해에 같이 했던 크고 작은 많은 행사들보다 더 우리를 가깝게 만들어주는 침묵이었습니다. 차 몇 대가 지나가는 소리와 누군가 쓰레기통을 비우는 소리가 들렸습니다. 하지만 불쾌하지 않았습니다. 우리 사이에 그윽하게 차오른 침묵은 따뜻하고 부드럽고 생기 있는 것이었습니다. 이따금 우리는 서로를 바라보며 두려움과 의심의 마지막 찌꺼기마저 밀어내는 웃음을 짓곤 하였습니다. 침묵이 점점 짙어질수록 우리는 우리 둘을 감싸안는 한 존재에 대해서 점점 더 의식하게 되었던 것 같습니다. 그가 말했습니다.

"여기 있으니까 좋습니다."

"그렇군, 이렇게 다시 함께 있으니 좋군."

그런 다음 또 우리는 오랫 동안 말이 없었습니다. 깊은 평안이 우리 사이의 빈 공간을 채웠을 때 그는 머뭇거리며 말했습니다.

"선생님과 마주하고 있으니 마치 그리스도를 뵙고 있는 것 같습니다."

나는 놀라지도 않았고 또 아니라고 하고 싶지도 않았으며 다만 이렇게 말할 수 있을 뿐이었습니다.

"자네 안에 있는 그리스도가 내 안에 있는 그리스도를 알아챈 것일세."

"맞습니다. 정말 그분이 우리 가운데 계십니다."

그 다음에 그가 한 말은 수많은 세월 동안 내가 들어본 말 중에서 가장 치유력 있는 말이 되어 내 마음에 새겨졌습니다.

"이제부터는 교수님이 어디를 가시든지 혹은 제가 어디를 가든지 우리 사이의 모든 땅은 거룩한 땅일 겁니다."

그가 떠난 다음 나는 그 말 속에 공동체의 진정한 의미가 담겨 있다는 것을 알았습니다.

친구의 편지가 없어도 유쾌하게 사는 법

이런 경험은 라이너 마리아 릴케가 "사랑은 … 여기에 있으니, 고독을 체득한 두 사람이 서로를 보호해주고 서로에게 선을 그어주고 서로를 맞이하는 것이라네"[8] 라고 한 말을 설명해주고 있습니다. 또한 앤 모로우 린드버그가 "우리는 모두 같은 바다에 떠 있는 섬들인 것 같습니다"[9] 라고 썼을 때 그녀가 마음에 품고 있던 것이 무엇이었는지를 설명해줍니다. 이 경험을 통해서 친구나 연인 사이의 만남은 때나 장소의 제한을 받지 않는, 공통의 고독으로 들어갈 수 있는 순간이 될 수 있다는 사실을 알게 되었습니다. 친구와 어울리는 일을 꿈꾸면서, 꿈꾸는 것이 현실적인 만남으로는 결코 실현될 수 없다는 점을 깨닫지 못할 때가 얼마나 많습니까? 하지만 우리는 다른 사람과의 만남을 통해 우리의 고독이 성숙하고 앞으로 뻗어나가서 더욱더 많은 사람들을 우리 삶의 공동체로 끌어안을 수 있게 된다는 사실을 조금씩 알게 될 것입니다.

우리와 오랫동안 함께 있던 사람이든지 잠깐 같이 있던 사람이든지간에 모든 사람이 정말로 그 공동체의 일원이 될 수 있습니다. 그들이 사랑 안에서 만났기 때문에 그들과 우리 사이의 모든 땅은 정말로 거룩한 땅이 되었고 떠난 이들은 우리 마음의 다정한 고독에 머물 수 있기 때문입니다. 우정은 인생에서 가장 고귀한 선물 중 하나입니다. 하지만 물리적으로 가까이 있는 것이 우정을 온전히 실현하는 데 꼭 도움이 되는 것은 아닙니다.

> 살아가면서 종종 나는 친구와 함께 있을 때보다 함께 있지 않을 때 그 친구와 더 가깝게 느껴졌던 이상야릇한 감정을 경험한 적이 있었다. 친구가 가버렸을 때는 그 친구를 다시 만나고 싶은 강렬한 감정을 느끼지만 정작 그들을 만나면 나는 어떤 실망감을 피할 수 없었다. 우리가 서로 함께 있는 것이 우리의 온전한 만남을 막았다. 마치 우리가 표현하는 것 이상으로 우리가 서로에게 더 중요한 존재처럼 느낀다. 또 우리 개인의 구체적인 품성이 우리가 가장 속 깊은 개인의 자아를 감추고 있는 하나의 벽처럼 작용하기 시작한다. 잠깐 동안 떨어져 있음으로 생긴 거리감 덕분에 나는 그들의 품성 너머에 있는 것을 보게 되고 또 우리 사랑의 기초를 이루었으므로 사람으로서 그들의 위대함과 아름다움을 들여다볼 수 있게 되었다.

칼릴 지브란은 이렇게 썼습니다.

> 친구와 헤어질 때 슬퍼하지 말라. 그 친구의 가장 맘에 드는 점은 그 친구가 없을 때 더 분명하게 나타나, 마치 산을 오르는 이에게는 밑에서 볼 때 산이 더 분명하게 보이는 것과 같으리.[10]

친구와 함께 지내는 것은 더할 나위없는 즐거움이지만 우리의 목표가 거기서 그친다면 우리 삶은 서글퍼질 것입니다. 마음과 정신이 하나가 되어서 함께 조화를 이루어 일하는 것은 하늘이 준 선물이지만 그 상황에서만 우리가 가치 있음을 느낀다면 우리는 가엾은 사람들입니다.

친구에게서 편지를 받으면 기분이 좋긴 하지만 편지를 받지 않을 때에도 유쾌하게 살 수 있어야 합니다. 서로의 집을 방문하는 것은 귀중한 선물이기는 하지만 그런 일이 없다고 해도 침울한 기분에 빠지지 말아야 합니다. '그냥 안부가 궁금해서' 건 전화는 고마운 마음을 불러일으키지만 홀로 남겨져 있다는 두려움을 진정시키기 위해 그런 전화를 꼭 필요한 수단으로 기대한다면 우리는 쉽사리 자기 불만의 희생자가 되고 맙니다. 우리는 언제나 소속감을 줄 수 있는 공동체를 찾고 있습니다. 하지만 같은 곳, 같은 집, 같은 도시, 같은 나라에 함께 있다는 것은 우리의 정당한 욕구를 충족시키는 데는 부차적인 것에 불과하다는 사실을 깨닫는 것이 중요합니다.

우정과 공동체 의식은 무엇보다도 내적인 자질이며 이 내적인 자질을 인정하면서 사람들이 함께 하는 일은, 훨씬 더 큰 실재를 유쾌하게 표현하는 것입니다. 이 자질은 요구하거나 계획하거나 조직할 수 없는 것이지만 그 자질을 선물로 받을 자리를 우리의 가장 깊숙한 자아 안에 만들 수는 있습니다.

우정과 공동체 의식이라는 이 내면의 의식은 우리를 자유롭게 해주어 방안에 혼자 있을 때에라도 '세상적인' 삶을 살 수 있습니다. 고독에서 제외되는 사람은 아무도 없기 때문일 것입니다. 두려움 없이 자신의 고독을 나누는 사람들에게는 사람들간의 모든 땅이 거룩한 땅이 되기 때문에 이런 내면의 의식은 우리로 하여금 아주 멀리까지 가볍게 여행하게 해줍니다.

이렇게 우리의 외로움은 고독을 향해 성숙할 수 있습니다. 우리가 며칠, 몇 주일, 혹은 몇 달이나 몇 년 동안 외로움에 파묻힌 나머지 마음의 고독이 자신의 가시권 내에 있다는 사실을 거의 믿지 못할 수도 있습니다. 하지만 이 고독이 무엇인지 일단 느끼기만 하면 그것을 찾기를 결코 멈추지 않을 것입니다. 이 고독을 맛보게 되면 새로운 삶을 살 수 있게 되고 우리를 묶고 있었던 잘못된 끈에서 해방되어 전혀 새로운 방식으로 하나님과 또 서로를 향해 묶일 수 있는 삶을 살게 됩니다.

Reaching Out 3

창조적인 반응

외로움에서 고독으로 향하는 움직임은 점점 더 뒤로 물러나는 것이 아니라 오히려 앞을 향해 나아가고 우리 시대의 가장 중요한 문제들에 더 깊이 개입하는 것입니다. 외로움에서 고독으로의 움직임은 방해거리들에 대한 인식을 바꾸어 마음의 변화를 가져오는 기회로 삼을 수 있게 해주는 움직임입니다.

즉각적이고 돌발적인 반응과 신중하고 정직한 반응

외로움에서 고독으로 바뀌는 움직임은 자기 안으로만 움츠러드는 움직임이 아니라 우리 시대에 쟁점이 되는 문제에 더 깊이 참여하는 움직임입니다. 외로움에서 고독으로의 움직임이 진전되면 우리가 두려움을 가지고 대응하던 것들은 서서히 사랑에서 우러난 반응으로 바뀌어갈 수 있습니다.

외로움에서 달아나려고 하는 한 즐거움을 얻고 분주해지려는 끝도 없는 욕구를 가지고, 우리의 관심을 끄는 것들을 끊임없이 찾게 됩니다. 맹목적인 관심을 요구하는 이 세상에 꼼짝없이 끌려다니는 희생자가 됩니다. 꼬리를 물고 변하는 여러 사건에 좌우되어 우리의 감정도 쉽사리 바뀌고 변덕스러운 행동을 하고 또 때로는 복수심에 찬 폭력을 행사하게 됩니다. 그렇게 되면 삶은 돌발적인 행동, 그리고 종종 파괴적인 행동과 그에 대한 맞대응이 연속되면서 내면의 자아에게서 점점 멀어집니다.

우리가 얼마나 '반작용적'이 되기 쉬운지, 즉 우리네 삶이 얼마나 자주 주위의 자극에 대해 신경질적이고 불안한 반응을 연속적으로 보이는가를 깨닫기란 어렵지 않습니다. 우리는 너무 바빠서 아주 지쳐 있습니다. 하지만 스스로에게 이렇게 물어볼 필요가 있습니다. 내가 일하고 대화하고 방문하고 로비 활동을 하고 강의하고 책을 쓰는 일 중 얼만큼이 자신의 중심에서 우러나온 행동인가? 대부분이 주위의 변화하는 요구에 대응하려는 데서 나온 일시적인 반응이 아닌가?

우리는 아마 '순수한 행동'을 하는 순간에는 결코 이르지 못할 것입니다. 사실 그걸 우리의 목표로 삼는 것 자체가 과연 현실적으로 가능한지 또 건전한 것인지조차 의문입니다.

하지만 주위의 상황 변화에 따라 유발된 행동과 우리가 살고 있는 이 세상의 소리에 주의 깊게 귀기울여 듣고 그것이 우리 마음 속에서 성숙된 후에 표출된 행동 사이에는 차이가 있습니다. 그 차이를 경험적인 지식을 통해 안다는 것은 무척 중요한 것 같습니다. 외로움에서 고독을 향해 움직일수록 외부의 자극에 대해서 불안하게 반응하던 것에서 사랑에서 우러나온 반응으로 점점 바뀌어야 합니다.

외로움은 즉각적인 반응과 또 많은 경우 돌발적인 반응을 하게 하는데 이런 반응은 끊임없이 변하는 세상에 갇히게 만듭니다. 하지만 마음의 고독 가운데서는 그 시간, 그날, 그해의 사건에 귀를 기울일 수 있고 진실로 자신만의 반응이 서서히 '틀을 잡아' 형성되어갑니다. 고독 가운데서 우리는 이 세계에 신중하게 주의를 기울일 수 있으며 정직한 반응을 찾을 수 있습니다.

고독 가운데 깨어 있으면 인생이 바뀐다

> 얼마 전 한 사제가 내게 〈뉴욕 타임스〉 구독을 취소했다고 말했다. 그 이유인즉 전쟁과 범죄, 권력 경쟁, 정치 조작에 대한 끝도 없는 이야기가 마음과 정신을 흩어놓고 묵상과 기도에서 멀어지게 한다고 느꼈기 때문이라는 것이다.

슬픈 이야기입니다. 이 세계를 부정해야지만 우리는 이 세상 안에서 살 수 있고, 인위적이고 자신이 유도한 평온을 통해서만 영적인 삶을 살 수 있다는 뜻이 담겨 있기 때문입니다. 진정한 영적인 삶은 오히려 그와 정반대입니다. 참된 영적인 삶은 우리를 둘러싼 세계에 대하여 민감하게 의식하도록 만듭니다. 세상에서 벌어지는 모든 일들을 우리의 명상과 묵상의 일부로 삼게 하며 또 우리가 자유롭고 담대하게 반응할 수 있도록 이끕니다.

참으로 우리의 삶을 바꿀 수 있는 것은 바로 이러한 고독 가운데 깨어 있는 것입니다. 이 세계는 역사를 통해 우리에게 말하기 때문에 역사를 어떻게 바라보고 그것을 우리 시대의 역사와 어떻게 연관짓는가는 이 세상을 전혀 다르게 만들어버립니다.

지난 20년을 되돌아볼 때 성직 임명을 받던 날, 그러니까 내가 28명의 학급 친구들과 함께 네덜란드의 한 성당 마룻바닥에 엎드려 있던 날, 결코 꿈꾸어보지 못한 장소와 상황에 내가 처해 있음을 알았다. 나는 그 당시 마틴 루터 킹과 인종 문제에 대해서 거의 들어보지 못했으며 존 F. 케네디나 닥 하마숄드 Dag Hammarskjold의 이름도 알지 못했다. 뚱뚱하고 늙은 론칼리 추기경을 파두아로 가는 순례길에서 보고서는 성직자의 타락한 본보기로 생각한 적은 있었다. 크레믈린의 정치 음모에 대해서 쓴 과격한 책들을 여러 권 읽고 난 후 그런 일들이 자유 세계에서는 일어날 수 없다는 점에 안도감을 느끼기도 했다. 유대인 포로 수용소에 대해서는 귀에 못이 박이도록 들었지만 그것은 구세대에 있었던 일이고 내가 사는 시대에는 일어날 수 없는 일이라고 생각했다. 그런데 얼마간의 세월이 흐른 지금 내 머리와 가슴 속은, 나를 전혀 예상하지 않았던 완전히 다른 사람으로 만들어놓은 기억과 사실들로 꽉 차 있다. 이제는 내 삶의 처음뿐만 아니라 마지막도 내다볼 수 있는 이 시점에 서서 내가 알게 된 것은, 나에게 인생은 단 한 번뿐이

> 며 이 삶은 역사의 한 시대에 걸쳐 있다는 것과 그리고 내가 그 역사의 한 부분일 뿐만 아니라 나도 역사의 모양이 결정되는 데 일익을 담당했다는 사실이다.
>
> 이제 내 인생이 내가 예상했던 것과는 다른 모양이 된 것을 설명하기 위해 단지 댈러스나 베트남, 밀라이(베트남 남부에 있는 마을로 1968년 미군의 주민 학살로 유명해진 곳－역주), 워터게이트를 지적할 수만은 없다는 것을 깨달았다. 오히려 나 자신의 고독 중심에서 이런 이름들의 뿌리를 더듬어 찾아보아야 한다는 점을 인식하게 되었다.

우리의 고독 속에서 역사는 더 이상 서로 상관없는 여러 사건들을 무작위로 모아놓은 것이 아니라, 우리 마음과 정신이 변화되어야 한다고 끊임없이 요구하는 것이 되어야 합니다. 고독 속에서 인과 관계의 숙명적인 고리를 끊고, 내면의 감각을 가지고 일상적인 삶의 여러 현상들의 보다 깊은 의미에 귀기울일 수 있습니다.

거기서 세상은 더 이상 우리를 '찬성자'와 '반대자'로 갈라놓는 사악한 것이 아니라 외적인 사건을 내적인 사건과 일치시키라고 요구하는 상징이 됩니다. 그 고독 속에서는 개인의 엄청난 고통과 실망과 아픔뿐만 아니라, 대통령이 피살된 사실이나 달을 향해 로켓 발사가 성공한 것이나 끔찍한 폭격으로 도시들이 파괴된 것이나 권력에 대한 탐욕 때문에 정부가 와해된 것 등이 우리 삶을 따라다니는 불가피한 부수물들로 보이지 않습니다. 그 대신 그 모든 것들은 어떤 반응을 나타내라고 재촉하는 끈질긴 초대와도 같은 것입니다. 그 반응이란 개인적인 참여입니다.

우리의 인격을 다듬어주는 방해물들

> 몇 년간 강의한 적이 있는 노틀담 대학을 방문했을 때 나는 인생의 거의 대부분을 그 대학에서 보낸 경험 많은 한 노(老)교수를 만났다. 함께 아름다운 교정을 거닐면서 그는 우수 어린 목소리로 이렇게 말했다. "이보게 … 평생 나는 내 일이 끊임없이 방해를 받는다고 불평하면서 살아왔네만, 결국은 나를 방해했던 그 일들이 바로 나의 일이었다는 사실을 알게 되었네."

종종 우리는 삶 속에서 일어나는 많은 사건들을 우리가 짜놓은 계획이나 삶의 틀을 망가뜨리는 크고 작은 방해물들이라고 여기지 않는지요? 학생이 찾아와 독서를 방해하거나 안 좋은 날씨가 여름 휴가를 망쳤을때, 병 때문에 잘 짜놓은 계획이 소용없어졌을 때, 가까운 친구의 죽음으로 평온하던 마음이 어지러워질 때, 인간의 선함에 대한 생각이 참혹한 전쟁으로 일그러질 때, 여러 가지 가혹한 현실이 삶에 대한 꿈을 무너뜨릴 때 항의하고픈 마음을 느끼지 않습니까? 꼬리에 꼬리를 물고 이어지는 이런 방해물들 때문에 분한 감정과 좌절감, 심지어 복수심마저 들지 않습니까? 그런 감정이 너무 심한 나머지 나이가 들수록 마음이 더 상처받을 수 있다는 사실을 이따금씩 깨닫지 않습니까?

하지만 만약 우리를 방해하는 그런 모든 것들이 사실은 우리에게 기회를 주는 것들이라면, 우리에게 성숙을 가져다주고 내면적으로 존재의 충만함에 이르도록 도전을 주는 것들이라면 어떻게 하겠습니까? 마치 조각가가 진흙으로 모양을 만들어내듯 우리 삶의 역사 가운데 일어나는 사건들이 우리를 빚어가고 있다면, 또 우리가 자신의 진정한 소명을 발견하고 성숙한 사람이 되는 것은 우리를 다듬는 이러한 손길들에 주의 깊게 순종할 때에만 가능하다면 어떻게 하겠습니까?

우리를 방해하는 예기치 못한 사건들이 사실은 고리타분하고 시대에 뒤떨어진 생활 방식을 버리라고 촉구하는 사건들이며 가본 적이 없는 새로운 경험의 영역을 열어주고 있다면 어떻게 하겠습니까? 끝으로, 역사라는 것이 우리가 통제할 수 없는 사건들이 아무런 목적도 없이 비인격적으로 이어져 만들어지는 것이 아니라, 우리의 모든 소망과 열망이 성취되는 어떤 인격적인 만남으로 우리를 이끈다면 어떻게 하겠습니까?

그러면 우리의 삶은 전혀 다른 삶이 될 것입니다. 왜냐하면 그렇게 되면 숙명은 기회가 되고 상처는 경고가 되며, 우리를 마비시키는 것은 생명력의 더욱 깊은 근원을 찾아보라는 초대가 됩니다. 그렇게 되면 사람들이 울부짖는 도시, 불길이 솟아오르는 병원과 필사적으로 몸부림치는 부모들과 아이들의 모습 가운데서도 소망을 품을 수 있습니다. 더 나아가 절망의 유혹을 떨쳐버리고 씨가 말라 죽어 가는 것을 보면서도 풍성한 열매를 맺는 나무에 대해 얘기할 수 있습니다. 그때는 정말, 아무런 이름도 붙지 않은 일련의 사건들이라는 감옥을 빠져나와 고독의 한가운데서 말씀하시는 역사 속의 하나님에게 귀기울일 수 있으며 변화를 요구하시는 늘 새로운 그분의 요구에 응답할 수 있습니다.

경건의 껍데기를 부수고 고백하라

서양의 종교 감정은 지극히 개인적인 것이 되어버렸습니다. 그래서 예컨대 '참회하는 마음'과 같은 개념은 개인적으로 죄책감을 느끼고 그에 대해 속죄 행위를 하려는 마음을 가리키게 되었습니다. 이는 참으로 가슴 아픈 일입니다. 우리의 생각과 말과 행동에서 불순했다는 것을 깨닫게 될 때 실로 우리는 뉘우치는 감정을 느끼게 되며 용서받았다는 표시를 얻고 싶어합니다. 하지만 우리 시대의 대참사나 전쟁, 대량 학살, 마구 날뛰는 폭력, 죄수들로 만원인 감옥, 고문실, 수백만의 사람들이 겪는 기근과 질병, 인류 대부분이 가진 형언할 수 없는 고통이 마음의 고독에서 간단하게 밀려나간다면 우리의 회개는 한낱 경건한 감정에 지나지 않을 것입니다.

내가 본 한 신문에는 세 명의 포르투갈 병사들을 찍은 사진이 실려 있었습니다. 두 명이 벌거벗은 죄수의 팔을 끌어당기는 사이에 나머지 한 명은 그 사람의 목을 치고 있었습니다. 바로 같은 신문에, 댈러스의 한 경찰관이 순찰차 안에서 열두 살짜리 소년에게 수갑을 채운 채 심문하다가 죽인 사건과 승객 122명을 태운 일본의 747 점보 여객기가 공중 납치당해 알 수 없는 곳으로 날아갔다는 소식이 실려 있었습니다. 또한 미국 대통령이 캄보디아의 중립성은 충분히 존중되고 있다고 공개적으로 선언했던 바로 그 기간 동안에 미 공군이 캄보디아에 1억4천5백만 달러어치의 폭탄을 퍼부었다는 사실도 폭로하였습니다. 그 밖에도 그리스와 터키에서 자행되는 전기 고문을 무시무시하게 묘사하고 있었습니다.

그런데 그 '소식들' 은 모두 부차적인 기사들에 불과했고 신문의 헤드라인들은 정부의 고위 공직자들의 불법적인 주거 침입과 거짓말, 엄청난 액수의 돈을 남용한 것에 대해 말하면서 이 사건을 미국 역사에서 가장 큰 비극이라고 묘사하고 있었습니다. 아마도 오늘 신문은 어제 신문과 다를 것이 없고 내일 신문과도 별로 다를 것이 없을 것 같습니다.

이런 사실을 접하면 마음이 비통해져 슬픔 가운데 머리를 숙여야 하지 않습니까? 그리고 이런 사실을 접하고도 인생은 살 만한 것이라고 생각하는 모든 인간들은 누구나 너나없이 회개와 공개적인 속죄를 해야 하지 않습니까? 마침내 우리가 한 백성으로서 하나님께 죄를 지었으며 하나님의 용서와 치유하심이 필요하다고 고백해야 하지 않습니까? 우리가 개인적인 경건의 껍데기를 부수고 나와서 팔을 내뻗으며 이렇게 고백해야 하지 않습니까?

여호와여 내가 깊은 데서 주께 부르짖었나이다

주여 내 소리를 들으시며
나의 간구하는 소리에 귀를 기울이소서

여호와여 주께서 죄악을 감찰하실진대
주여 누가 서리이까
그러나 사유하심이 주께 있음은
주를 경외케 하심이니이다

나 곧 내 영혼이 여호와를 기다리며
내가 그 말씀을 바라는도다
파수꾼이 아침을 기다림보다
내 영혼이 주를 더 기다리나니
참으로 파수꾼의 아침을 기다림보다 더하도다

이스라엘아 여호와를 바랄지어다
여호와께는 인자하심과 풍성한 구속이 있음이라
저가 이스라엘을 그 모든 죄악에서
구속하시리로다(시 130편)

현실을 부정하고 피하지 말라

우리가 현실이라는 짐을 질 수 있을까요? 어떻게 하면 인간의 모든 비극에 대해서 마음을 열어놓은 채로, 또 망망한 바다같은 인간의 고통을 의식하면서도 정신적으로 마비되거나 억눌리지 않을 수 있습니까? 가난하고 병 들고 굶주리고 박해받는 수백만 명의 사람들의 운명에 대해서 계속 생각하면서도 어떻게 건강하고 창조적인 삶을 살 수 있습니까? 고문과 처형 장면을 담은 사진과 계속 부딪치면서도 어떻게 웃을 수 있습니까?

이 물음에 대한 답을 나는 알지 못합니다. 우리들 가운데는 세상의 고통을 가슴 깊이 느끼면서, 많은 경우 바라지도 않는데 이 세상의 죄악에 대해 계속해서 되새겨주는 것을 자신의 소명으로 삼고 있는 사람들이 있습니다.

심지어 어떤 성도들은 스스로 인류가 처한 상황의 일부가 되고 또 이웃의 불행을 나누고자, 이 세상에 고통당하는 사람들이 있는 한 자신들을 위한 행복을 누리려 하지 않기도 합니다. 비록 그들이 우리를 짜증스럽게 한다 할지라도, 또 그들을 자기 학대자 또는 재난을 예언하는 사람이라고 치부하며 도외시하고 싶다 할지라도, 그들은 마음의 연대가 없으면 영구적인 치유는 결코 일어날 수 없다는 사실을 일깨워주는 데 없어서는 안 될 존재들입니다. 이들 소수의 '극단주의자들' 혹은 '광신자들' 때문에 우리는 스스로에게 이렇게 묻게 됩니다. 우리는 도대체 우리 자신과 얼마나 많은 게임을 벌이고 있는가? 인류가 연대되어 있다는 데서 오는 부담을 알지도, 느끼지도 못할 만큼 우리는 얼마나 많은 담을 쌓고 있는가?

아마도 우리는 여러 가지 사이에서 우왕좌왕한다는 사실을 당분간은 인정해야 할지도 모르겠습니다. 즉, 아는 것과 모르는 것, 보는 것과 보지 않는 것, 느끼는 것과 느끼지 않는 것 사이에서 방황합니다. 또 온 세상이 장미화원처럼 느껴지는 날들과 마음에 맷돌이라도 묶여 있는 것처럼 무거운 날들, 뛸 듯이 기쁜 순간과 칙칙하게 가라앉는 순간, 그리고 신문은 우리의 영혼이 감당할 수 있는 분량 이상의 것들을 싣고 있다는 겸손한 고백과 이 세상의 현실을 당연히 인정하는 것을 통해서만 책임감이 성장할 수 있다는 깨달음 사이에서 왔다갔다한다는 것을 말입니다.

아마도 우리는 자신이 짐을 피하고 있고 부정하고 있다는 사실을 묵인해야만 할지도 모르겠습니다. 우리가 대응하기 벅찬 것에 무조건 맞부딪칠 수는 없다는 확신과 어느 날엔가는 주저하지 않고 눈을 크게 뜨고 온전하게 직시하리라는 소망을 품고 말입니다.

그러나 이 모든 것은 부정하고 피하는 것이 능사가 아닙니다. 그렇게 하면 우리에게나 또 다른 어느 누구에게도 아무런 희망이 없습니다. 오히려 새 생명은 짓밟혀 뭉개진 흙에 심은 씨에서만 싹을 틔울 수 있다는 점을 상기시키는 좋은 사례가 될 것입니다.

무엇 때문에 우리는 이 세상의 현실에 자신을 열지 않습니까? 우리가 자신의 무능함을 인정할 수 없기 때문에, 또 우리가 스스로 고칠 수 있는 상처만을 보려고 하기 때문이 아닙니까? 우리가 이 세계의 주인이며 따라서 삶의 모든 사건이 안전하게 통제되고 있다는 확신을 얻으려고 하기 때문이 아닙니까? 또 그런 확신을 얻을 수 있는 자신만의 디즈니랜드를 만들겠다는 환상을 버리고 싶어하지 않기 때문이 아닙니까? 눈멀고 귀먼 것은 자신이 우주의 주인이 아니라는 점을 인정하기 싫어한다는 사실을 증명하는 표지가 아닙니까? 이런 질문들이 단순한 미사여구의 차원을 넘어서서 다가오게 하기란 쉽지 않습니다. 또 우리가 힘이 없다는 사실에 얼마나 분개하고 있는지를 가장 깊숙한 자아를 통해 느끼기란 어려운 일입니다.

진실한 반응은 고독에서 나온다

삶을 통해서 두 가지 사실을 배울 수 있습니다. 그 시기의 사건들이 비록 우리의 손아귀를 벗어난 것이기는 해도 우리의 마음을 벗어나 있어서는 안 된다는 점과, 삶은 갈수록 더 고달파지는 것이 아니며 창조적인 반응은 오직 마음으로부터 나올 수 있다는 것을 알아야 한다는 점입니다.

이 세계에 대한 해답이 머리와 손 사이를 맴돌고 있을 때는 무기력하고 피상적일 수밖에 없습니다. 전쟁과 차별과 사회 불의에 대한 항거가 반발의 차원을 벗어나지 못할 때 우리의 분개는 자기 의義에서 나온 것에 불과하며, 더 나은 세계에 대한 우리의 소망은 그 결과를 빨리 보려는 욕구로 전락해버립니다. 또 우리의 너그러움은 여러 차례 실망을 맛보면 곧 사라져버릴 것입니다. 생각이 마음에 이를 때만 가장 깊은 곳에 있는 자아에서 끌어올려진 영구적인 대답을 바랄 수 있습니다.

1960년대에 민권 운동을 열심히 하고, 반전 운동에 무척 활동적으로 참여했던 사람들 중에는 결국 지치거나 더러는 냉소적이 된 사람도 많습니다. 상황이 자기들의 능력 밖이라는 사실을 깨닫게 되었을 때, 또 자신들이 할 수 있는 것이 거의 없다는 점과 눈에 띄는 변화가 전혀 일어나지 않았다는 점을 깨달았을 때, 그들은 활기를 잃어버리고 상처받은 자아 속으로 침잠해들어가 꿈과 환상의 세계로 도피하거나, 악의에 찬 마음으로 이전에 자신들이 저항했던 바로 그 대중의 일원이 되어버렸습니다.

그렇기에 과거의 운동가들 중 많은 사람이 정신 요법으로 자신들의 좌절감을 해결해보려고 시도하거나 마약으로 그것을 부정하거나 새로운 사이비 종교들에 빠져 그 좌절감을 덜어보려고 시도하는 것은 놀라운 일이 아닙니다.

1960년대에 대해 비판해야 한다면 그들의 항거가 무의미했다는 점이 아니라 마음의 고독에 뿌리를 두지 않았다는 의미에서 그 항거가 충분치 못했다는 점을 비판해야 합니다. 머리와 손만 가지고 일할 때 우리는 행동의 결과에 쉽사리 의존하게 되며 그 결과가 구체적으로 눈앞에 드러나지 않을 때 포기하기 쉬워집니다. 마음의 고독 속에서만 이 세상의 고통에 진실로 귀를 기울일 수 있습니다. 왜냐하면 고독 속에서는 그 고통이 생소하고 낯선 것이 아니라 바로 우리의 고통임을 직시할 수 있기 때문입니다.

그 속에서 가장 보편적인 것이 가장 개인적인 것이라는 점과 인간적인 그 어떤 것도 사실 생소한 것은 아니라는 점을 깨닫게 됩니다. 그 고독 속에서 역사의 잔인한 실체가 사실은 우리를 포함한 인간 마음의 실체이며 그래서 거기에 항거하려면 무엇보다도 먼저 인간적인 환경에 자신이 동조해왔음을 고백해야 한다는 점을 느끼게 됩니다. 고독 속에서 우리는 진실되게 반응할 수 있습니다.

우리가 각자 개인적으로 모든 인간적인 고통들에 대해 책임을 져야 한다는 말은 무기력증에 빠지게 할 것입니다. 하지만 우리가 인간의 그 모든 고통들에 대해 반응하도록 부름받았다는 소식은 우리를 자유롭게 해줍니다. 이러한 고통을 덜어주고자 하는 최초의 시도는 다른 사람과의 내적인 연대로부터 나올 수 있기 때문입니다.

인간의 몸부림에서 우러난 연대감

자기 의를 버리고 동정할 수 있게 하는 것이 바로 이 내면의 연대감입니다. 수도사 토머스 머튼은 그것을 잘 표현하고 있는데 그의 말은 이렇습니다.

> 일단 하나님이 여러분을 고독으로 부른 다음에는 당신이 접하는 모든 것을 통해 당신은 고독 속으로 더 깊이 들어가게 된다. 당신이 혼자 힘으로 하려 하고 자신이 만들어낸 은둔 생활을 하겠다고 고집하지 않는 이상 당신에게 영향을 미치는 모든 것이 당신을 은둔자로 만들어준다. 내가 들어간 새로운 광야는 무엇인가? 그 광야의 이름은 동정이다. 동정의 광야처럼

끔찍하고 아름다우며 메마르고도 기름진 광야는 없다. 이 광야만이 백합처럼 참으로 풍성하게 꽃피울 것이다. 이 광야는 연못이 되고 싹을 틔워 꽃을 피우고 기쁨으로 즐거워하게 할 것이다. 메마른 땅이 생수가 솟는 샘물로 변하고 가난한 사람이 모든 것을 얻게 되는 것은 바로 이 동정의 광야에서이다.[1]

머튼의 삶에서 참으로 역설적인 면은 그가 세상에서 뒤로 물러났을 때 세상과의 관계가 더 가까워졌다는 점입니다. 자신의 안식 없는 외로움을 마음의 고독으로 바꾸면 바꿀수록 그는 자신의 내면의 중심에서 이 세상의 고통을 발견하고 거기에 반응할 수 있었습니다. 인간의 몸부림에 대한 동정에서 우러난 연대감 때문에 그는, 자신처럼 글을 쓰는 재능은 없지만 자기가 갖는 고독을 똑같이 느끼는 많은 이들의 경험을 대변해주었습니다. 머튼이 고독 가운데서 자신이 책임져야 할 것들에 대해 얼마만큼 의식하게 되었는지는 그가 쓴 글에서 분명하게 나타납니다.

내가 1915년에 태어났어야 했다는 사실과 내가 아우슈비츠, 히로시마, 베트남, 왓츠 폭동의 시대에 살아야 했다는 사실은 내가 선택한 사실들이 아니다. 하지만 내가 탐탁해 하건 말건 간에 그 사건들은 나와 깊이 그리고 개인적으로 연루된 사건들이다.[2]

그리고 다소 빈정대는 어투로 그는 이렇게 덧붙여 말합니다.

> 그저 습관적으로 '이 세상을 거부하는 것' 이나 '이 세상을 경멸하는 것' 은 사실상 진정한 선택이 아니며 오히려 진정한 선택을 회피하는 것이라는 점이 아주 명백해졌다. 아우슈비츠나 베트남에 대해서 등을 돌릴 수 있는 체하고 자신은 그 시대를 살지 않았던 것처럼 행동하는 사람은 단지 발뺌을 하고 있을 뿐이다. 그런데 내가 볼 때 많은 사람들이, 심지어 수도사들조차도 이런 태도를 일반적으로 받아들이고 있다.[3]

고독에서 우러난 동정은 우리로 하여금 자신의 역사성에 대해서 충분히 깨우치게 합니다. 우리는 일반적인 어떤 것들에 반응하도록 부름받는 것이 아니라 날마다 대면하는 구체적인 사실들에 반응하도록 부름을 받습니다. 동정심이 가득한 사람이라면 악과 죽음이 구체적인 현상으로 나타난 사실들에 대해서 그것이 자신의 삶의 계획을 성가시게 방해한다고 여기지 않습니다. 오히려 그것이 자신을 비롯한 동료 인간을 변화시킬 수 있는 기회로 여깁니다. 인간은 자신이 속한 세계의 사건들을 자신의 마음을 변화시키는 기회로 봅니다. 그리고 거기에 반응했던 역사의 순간마다 항상 너그러움과 새로운 삶의 근원이 열렸으며 사람이 생각할 수 있는 것 이상의 희망을 주었습니다.

사랑의 연대감을 느끼기 위한 준비

우리에게 소망을 준 사람이나 우리 영혼을 강건하게 해주었던 사람들을 생각해보면, 우리에게 조언을 해주거나 주의를 주거나 윤리적 지침을 제시해준 사람들이 아니었다는 점을 알게 될 것입니다. 같은 시대의 인간이 처한 조건을 말이나 행동으로 분명히 제시해줄 수 있고, 우리가 삶의 현실에 직면할 수 있도록 힘을 북돋아준 소수의 사람들이 바로 그러했습니다.

삶의 신비를 단순한 문제로 축소시키고 손쉬운 응급 처방책을 제시해주는 설교가들을 볼 때 우리는 울적해집니다. 그들은 동정심에서 우러나온 연대감을 회피하기 때문입니다. 그런데 사실 그 연대감으로부터 치유가 나옵니다. 안나 카레리나를 죽음으로 몰고 갔던 그녀의 강박증을 톨스토이가 그려주었기 때문에, 또 의미를 탐구하다가 아프리카의 정글에서 죽은 벨기에의 건축가 퀘리가 탈진한 사례를 그레이엄 그린Graham Green이 잘 묘사했기 때문에 그들은 우리에게 새로운 의미의 소망을 줄 수 있습니다.

그것은 그들이 어떤 해결책을 제시해서가 아니라 인간의 고통 가운데로 깊이 들어가서 거기에서부터 말할 수 있었던 용기 때문입니다.

키에르케고르나 사르트르, 카뮈, 하마슐드, 솔제니친이 해결책을 제시해주지는 않았지만 그들의 글을 읽는 많은 사람들은 자신의 개인적인 탐구를 계속할 새로운 힘을 얻습니다. 고통으로부터 도망가지 않고 긍휼한 마음compassion으로 그 고통을 만지는 사람은 치유와 새로운 힘을 얻습니다. 치유가 시작되는 것은 고통과 일치감을 맛볼 때라는 것은 사실 역설입니다.

우리가 살고 있는 해결지향적인 사회에서 고통을 함께 나누려 하지 않으면서 그것을 덜어주고자 하는 것은, 다칠 각오를 하지 않고 불 난 집에서 아이를 구하려는 것과 마찬가지입니다. 이런 긍휼에서 우러나온 연대감은 고독 안에서 구체화됩니다.

그러므로 외로움에서 고독으로 향하는 움직임은 점점 더 뒤로 물러나는 것이 아니라 오히려 앞을 향해 나아가고 우리 시대의 가장 중요한 문제들에 더 깊이 개입하는 것입니다. 외로움에서 고독으로의 움직임은 방해거리들에 대한 인식을 바꾸어 마음의 변화를 가져오는 기회로 삼을 수 있게 해주는 움직임입니다.

우리 마음이 그렇게 바뀌게 되면 우리는 스스로 져야 할 책임을 부담스런 짐이 아닌 소명으로 여기게 되고, 또 동료 인간과의 사랑에 찬 연대감이 형성될 수 있는 내면의 공간을 만들게 됩니다.

외로움에서 고독으로의 움직임을 통해 우리는 우리의 가장 깊은 곳에 있는 존재를 향해 발돋움할 수 있습니다. 거기서 우리는 보호해야 할 독특한 소유물로서가 아니라 모든 인류와 함께 나눌 선물인 우리의 엄청난 치유 능력을 발견합니다. 그러므로 외로움에서 고독으로 향하는 움직임은 자연스럽게 두번째 움직임인 적대감에서 따뜻한 환대로 향하는 움직임으로 우리를 인도합니다. 우리가 인생 길을 가는 동안 만나는 많은 사람들을 향해 창조적으로 다가가도록 힘을 줄 수 있는 것이 바로 이 두번째 움직임입니다.

2부

동료 인간을 향한 발돋움

두번째 움직임
적대감에서 따뜻한 환대로

환대는 무엇보다 낯선 사람이 들어와서 적이 아닌
친구가 될 수 있는 자유로운 공간을 만들어주는 것을 의미합니다.
또한 사람을 변화시키는 것이 아니라 변화가
일어날 수 있는 자리를 그들에게 주는 것입니다.

Reaching Out 4

적대감에서 환대로 바뀌는 삶

적대감을 환대로 바꾸기 위해서는 우애가 넘치는 빈 공간을 마련해야 합니다. 그 공간에서 우리는 우리의 동료에게 다가갈 수 있고 그들을 새로운 관계로 끌어들일 수 있습니다.

낯선 이들로 가득 찬 세상 살아가기

영적인 삶의 첫번째 특징은 외로움에서 고독을 향해 계속해서 움직이는 것이었습니다. 이것과 마찬가지로 중요한 영적인 삶의 두번째 특징은 우리의 적대감hostility이 따뜻한 환대hospitality로 바뀌는 움직임입니다. 여기에서, 나와 나 자신의 관계의 변화가 동료 인간과의 관계의 변화로 결실을 맺을 수 있게 됩니다. 내면의 존재를 향한 발돋움이 우리가 살아가면서 만나는 많은 타인들을 향한 발돋움에 이를 수 있는 것이 바로 이 두번째 움직임입니다.

자신의 과거와 문화와 나라로부터 멀어지고 이웃과 친구와 가족으로부터도 멀어졌으며 자신의 가장 깊은 자아와 하나님으로부터 멀어진 이방인들로 가득 찬 이 세상에서, 우리는 따뜻한 환대가 있는 장소, 즉 두려움 없이 살 수 있고 공동체를 발견할 수 있는 장소를 찾는 사람들의 고통스런 탐색을 목격합니다. 비록 이 세상의 대부분의 낯선 사람들이 흔히 두려움에서 비롯된 적대감으로 냉대를 받긴 합니다만, 그리스도인으로서의 의무감을 지닌 사람들이라면 낯선 이들에게 열린 마음으로 환대받을 수 있는 자리를 마련해줌으로써 그들이 이질감을 벗어던지고 우리의 동료가 되도록 할 수 있습니다.

적대감에서 따뜻한 환대를 향해서 움직이기란 어렵고 힘듭니다. 우리가 사는 사회에는 공포에 떨면서 자신을 방어하려 하고 공격적으로 행동하는 사람들 천지입니다. 그들은 안절부절못하면서 자신이 가진 것에 집착하고 자기 주변의 세상을 의심 어린 눈초리로 바라보는 경향이 있으며 언제나 대적들이 갑자기 나타나 자기에게 해를 끼칠 것이라 생각하고 살아갑니다. 하지만 그럼에도 불구하고 우리의 소명은 변함이 없습니다. 호스티스hostis를 호스페스hospes로 바꾸는 것, 다시 말해 원수를 손님으로 바꾸는 것 그리고 형제애와 자매애를 온전히 느낄 수 있는 자유롭고 두려움 없는 자리를 마련하는 것이 우리의 소명입니다.

환대의 성경적 의미

'환대' 라는 말이 풍기는 첫인상은 부드럽고 포근한 친절과,

부담없는 교제의 자리, 온화한 대화, 편안한 분위기입니다. 그러나 이미 우리 문화에서 환대라는 개념은 그 힘의 대부분을 잃어버렸으며, 또 이 말을 자주 쓰는 모임들은 참된 기독교의 영성을 진지하게 추구하기보다는 빛바랜 경건함을 추구하는 모임들입니다. 그럼에도 깊이와 심금을 울리는 본래의 잠재력을 회복할 만한 가치가 있는 개념이 혹시 있다면 그것이 바로 환대입니다. '환대'는 그 의미가 아주 풍성한 성경적 용어로서 그것은 동료와의 관계에 대한 우리의 통찰을 깊고 넓게 해줄 수 있습니다. 신약과 구약의 여러 이야기들은 낯선 사람을 영접하는 것이 매우 중요한 의무라고 말합니다. 뿐만 아니라 손님들은 귀한 선물을 가지고 와서는, 자기를 따뜻하게 맞이하는 주인에게 그것을 나타내고 싶어한다는 것도 말해주고 있습니다.

아브라함이 마므레 상수리나무 아래서 세 명의 낯선 사람을 맞아 그들에게 물과 떡과 부드러운 송아지 고기를 대접했을 때, 그 낯선 사람은 자신이 여호와임을 나타내고 그의 아내 사라가 아들을 낳을 것임을 말해주었습니다(창 18:1-15). 사렙다의 과부가 엘리야에게 먹을 것과 잘 곳을 마련해주었을 때 엘리야는 자신이 하나님의 사람임을 나타내고 그 과부에게 많은 기름과 식량을 주고 과부의 죽은 아들을 살려주었습니다(왕상 17:9-24). 엠마오로 가는 두 제자가 길에서 만나 같이 가던 낯선 이에게 하룻밤 같이 묵자고 청했을 때 그 외인은 떡을 떼면서 자신이 주이자 구세주임을 나타내었습니다(눅 24:13-35).

적대감이 환대로 바뀌면 무섭게만 느껴지던 낯선 사람이 주인에게 약속을 알려주는 손님으로 바뀔 수 있습니다. 사실 그렇게 되면 주인과 손님을 나누는 일은 인위적인 것이라는 사실이 드러나며 그런 구분은 새로이 깨닫게 된 일치감 속에서 증발되어 버립니다.

그러므로 성경의 이야기들을 통해서 우리가 알 수 있는 것은 따뜻하게 환대하는 자세는 중요한 미덕이라는 점과 한걸음 더 나아가 따뜻하게 환대하는 가운데 주인과 손님은 자기들의 가장 귀한 선물을 서로에게 보여주고 서로에게 새로운 삶을 가져다줄 수 있다는 점입니다.

지난 수십 년 동안 심리학은 인간들 사이의 관계를 새롭게 인식하는 데 크게 이바지했습니다. 정신과 의사들과 임상 심리학자들뿐만 아니라 사회복지사들과 작업 요법가들, 목사, 신부, 그밖에 다른 사람을 돕는 직업을 가진 많은 사람들이 기꺼이 이 새로운 통찰을 자신들의 직업 분야에 사용했습니다. 하지만 우리 가운데 어떤 이들은 이 새로운 지식에 너무 깊이 감명을 받아 환대와도 같은 고대의 개념 속에 간직되어 있는 풍성한 부에 대해서 볼 수 없게 된 것 같습니다. 환대라는 개념은 서로를 치유하는 관계에 대한 우리의 인식에, 그리고 소외와 불화로 심히 고통을 당하고 있는 이 세상에서 재창조적인 공동체를 이루어가는 데에도 새로운 차원을 부여할 수 있을 것 같습니다.

그러므로 환대라는 말은 외부인을 우리 집에 맞아들인다는 문자적인 의미로만 제한해서는 안 됩니다. 물론 그러한 의미도 잊어버리거나 소홀히 여겨서는 안 되겠지만 환대는 우리의 동료 인간에 대한 기본적인 태도이며 그 태도는 아주 여러 가지 방식으로 표현될 수 있습니다.

낯선 사람에 대한 두 가지 마음

낯선 사람에게 다가가서 그들을 우리의 삶 속으로 맞아들이는 것은 기독교 영성의 핵심입니다. 하지만 낯선 사람에 대한 우리의 감정이 매우 양면적이라는 사실은 알아야 합니다. 여러 형태의 적대감은 보통 두려움, 염려와 함께 우리의 마음을 사로잡습니다. 또 사람들을 우리의 세계로 맞아들이지 못하게 하는 일은 사회적 분석을 많이 하지 않아도 알 수 있습니다.

환대의 의미가 뭔지를 충분히 음미하기 위해서는 자기가 먼저 낯선 사람이 되어보아야만 합니다. 어떤 학생이 쓴 글입니다.

> 나는 어느 날 돈을 거의 지니지 않은 채 니스를 떠났고 결과는 뻔했다. 5일 동안 나는 떠돌아다녔다. 돈이 바닥났기에 다른 사람의 친절에 의지할 수밖에 없었다. 나는 낮아지는 것이 무엇인지, 또 한 끼 식사를 제공해주고 차에 한 번 태워주는 친절에 감사하는 것이 무엇인지, 그리고 완전히 운명에 몸을 맡기는 것이 무엇인지를 배웠다.

요즘 들어 낯선 사람을 따뜻하게 환대하기보다는 적대감을 가지고 대하는 경우가 점점 더 많아졌다고 할 수 있습니다. 사실 우리는 개를 풀어놓고 이중 자물쇠를 걸어서 집을 지키고 건물에는 항상 수위를 두고 길거리에는 자동차 편승 금지 표시판을 세워 놓습니다. 전철에는 지하철 경비 요원을, 공항에는 보안 요원을, 도시에는 무장한 경찰관을 두고 나라 구석구석에 군대를 두어서 지키게 합니다. 설사 가난한 사람, 외로운 사람, 집 없는 사람, 냉대받는 이들에게 우리가 동정심을 베풀고 싶더라도 우리 집 문을 두드리고 먹을 것과 잘 곳을 구하는 낯선 사람에 대한 우리의 감정은 온전히 맞이하는 마음이 아닙니다.

일반적으로 우리는 낯선 사람에게 많은 것을 기대하지 않습니다. 우리는 서로에게 이렇게 말합니다. "돈은 숨겨두고 문은 단단히 잠그고 자전거는 체인으로 걸어두도록 해." 우리와 친숙하지 않고 언어가 다르고 피부색이 다르고 옷 입는 것이나 생활 방식이 다른 사람들에 대해서 우리는 두려움을 가지며 거부감마저 느낍니다. 휴가를 즐기고 집으로 돌아올 때면 우리는 종종 누군가 낯선 사람이 집으로 침입해 들어가서 벽장에 숨겨둔 '귀중품'을 찾아내지는 않았을까 하는 생각으로 마음이 편치 않습니다.

여행할 때는 가방을 조심스럽게 지켜보며 거리를 걸을 때는 돈을 넣어둔 곳에 늘 신경을 쓰고 밤에 어두운 공원을 걸을 때는 어디서 누군가가 나타날까 봐 잔뜩 긴장합니다. 마음으로는 다른 이들을 도와주고 싶어할지 모르지만, 이를테면 가난한 이들을 먹이고 감옥에 갇힌 자를 찾아가고 나그네에게 잘 곳을 마련해주고 싶어할지 모르지만 우리는 두려움과 거부감의 벽을 쌓고는 사람들을 피하며 또 본능적으로 우리가 가진 선한 의도를 일깨워줄 수 있는 사람들과 장소를 피합니다.

반드시 그렇게 극적일 필요는 없습니다. 두려움과 적대감이 일어나는 것은 강도나 마약 중독자나 이상한 행동을 하는 사람을 만나는 경우에만 국한되지 않습니다. 이 세상 어디를 가도 경쟁이 없는 곳이 없습니다. 그래서 가까운 사람들, 예를 들면 동급생이나 같은 팀원, 함께 연극을 하는 동료 배우, 직장 동료들이 자신의 지적인 능력이나 직업의 안정에 위협적인 존재로 느껴질 때 두려움과 적대감을 가지게 됩니다.

원래는 사람들을 서로 가깝게 해주고 평안이 넘치는 공동체를 이루게 하기 위해 생겨난 많은 공간들이 정신적인 전투장으로 전락하였습니다. 교실에서 학생들끼리, 또 교수 회의에서 교수들끼리, 병원에서 의료진들끼리, 함께 일하는 직장 동료들끼리, 서로의 적대감 때문에 당황하곤 하며 두려움과 의심과 심지어 노골적인 공격 때문에 자기들이 하는 일의 목적을 잃어버리고 맙니다. 특히 자유로운 시간과 장소를 제공함으로써 인간의 가장 귀중한 잠재력을 계발시키기 위해 마련된 연구기관들도 어떤 때는 적대적인 방어가 지나치게 팽배한 나머지 훌륭한 사상과 가치 있는 감정들이 표현되지 못하고 맙니다. 성적과 시험과 선별 제도의 승진 기회, 포상에 대한 욕구 때문에 사람들은 대부분 최선의 것을 드러내지 못하고 맙니다.

무대 뒤의 적대감 알아채기

> 최근 한 배우가 내게 자기의 직업 세계에 대해 말해주었다. 그 이야기는 오늘날 상황의 많은 부분을 상징적으로 드러내주는 것 같았다. 사랑과 부드러움과 친밀한 관계를 묘사하는 심금을 울리는 장면을 연습하는 동안에도 배우들은 서로를 시기하는 마음이 있으며, '잘해낼 수 있을까'에 대한 두려움으로 가득 차 있기 때문에 무대 뒤의 장면은 증오와 가혹함, 서로에 대한 의심으로 얼룩져 있다는 것이다. 무대 위에서는 서로 입을 맞추는 사람들도 무대 뒤에서는 서로를 치고 싶은 유혹을 받으며, 무대 조명을 받을 때는 인간의 가장 심오한 사랑의 감정을 그리던 사람도 조명이 꺼지자마자 적대적인 경쟁심을 드러낸다고 한다.

대부분 우리 세계의 모습도, 무대 위에서는 배우들이 평화와 정의와 사랑을 묘사하지만 속으로는 서로 적대감을 품고 서로를 넘어뜨리는 연극 무대와 비슷합니다. 수많은 의사, 성직자, 변호사, 사회복지사, 심리학자, 상담자들도 처음에는 남에게 봉사하겠다는 커다란 꿈을 가지고 공부와 일을 시작하지만 얼마 지나지 않아 직업 세계에서만이 아니라 사적인 세계에서의 격렬한 경쟁과 적대감 때문에 고통을 당하는 경우가 많지 않습니까? 강대상에서는 평화와 사랑을 외치는 목사들과 사제들도 사택의 식탁에서는 평화나 사랑을 거의 찾아볼 수 없습니다. 가정 불화를 치유하고자 애쓰는 사회복지사들도 집에서는 똑같은 문제와 씨름합니다. 또한 우리 가운데서도 우리에게 도움을 구하는 사람들의 이야기 속에서 바로 자신의 고통을 들을 때 마음 속에서 두려움을 느끼는 사람이 얼마나 많습니까?

하지만 우리에게 치유의 능력을 줄 수 있는 것이 바로 이 역설일 것입니다. 우리가 망설임 없이 자신의 적대감과 두려움을 보고 인정할 때 바로 다른 반대편 극을 내면으로부터 느낄 수 있게 될 것입니다. 그곳은 우리가 자신뿐만 아니라 이웃들도 이끌어가고자 하는 지점입니다. 우리 삶에서 무대 위의 행동은 언제나 커튼 뒤에서 일어나는 것보다 더 훌륭해 보일 겁니다. 하지만 그러한 차이와 기꺼이 대면하려 하고 그 차이를 줄이려고 전심전력하는 그 긴장을 통해 자신만을 섬기는 대신 다른 이들을 섬김으로써 겸손해질 수 있습니다.

자유롭고 친밀한 공간 마련해주기

적대감의 안 좋은 양상에 대해 민감해질 때 우리가 지향해야 하는 그 반대편인 환대의 윤곽을 가늠할 수 있습니다. '환대'에 해당하는 독일어는 '가스트프로인트샤프트Gastfreunds chaft' 인데 이 말의 의미는 손님에 대한 우애라는 뜻입니다. 네덜란드어에서는

'하스토레이하이트gastorijheid' 라는 말을 쓰는데 손님의 자유라는 뜻입니다. 네덜란드 사람들은 자유를 우애보다 더 중요하게 여긴다는 점을 이 말을 통해서 알 수 있습니다만, 어쨌든 이 사실은 환대는 손님을 묶어두지 않으면서도 우애를 베풀고 손님을 혼자 두지 않으면서도 자유를 주고자 한다는 점을 보여줍니다.

그러므로 환대는 무엇보다 낯선 사람이 들어와서 적이 아닌 친구가 될 수 있는 자유로운 공간을 만들어주는 것을 의미합니다. 또한 사람을 변화시키는 것이 아니라 변화가 일어날 수 있는 자리를 그들에게 주는 것입니다. 환대는 사람을 우리 옆으로 데려다놓는 것이 아니라 선을 그어줌으로써 침해당하지 않는 자유를 그 사람에게 주는 것입니다. 환대는 선택할 다른 대안이 없는 구석으로 이웃을 몰고 가는 것이 아니라 폭넓게 선택할 수 있도록 장을 열어주는 것입니다. 그것은 좋은 책이나 이야기나 일로 교양 있게 협박하는 것이 아니라 무서움에 질린 마음을 자유롭게 해주어서 근거 있는 말, 풍성한 열매가 맺히는 말을 할 수 있게 하는 것입니다. 환대는 우리의 하나님과 우리의 길을 행복의 기준으로 삼는 방법이 아니라 다른 이들이 그들의 하나님과 그들의 방법을 찾도록 기회를 열어주는 것입니다.

환대의 역설적인 부분은 그것이 공허함을 만들어내고자 한다는 점입니다. 그 공허함은 우리를 두렵게 만드는 공허함이 아니라 낯선 사람이 들어와서 자신이 자유롭게 창조되었다는 것을 발견할 수 있는 공허함, 즉 마음대로 자신의 노래를 부르고 자신의 말을 하고 춤을 출 수 있으며 마음대로 자신의 소명을 버리거나 추구할 수 있도록 창조되었다는 것을 발견할 수 있는 우정 어린 공허함입니다. 환대는 주인의 생활 방식을 받아들이라는 미묘한 권유가 아니라 손님이 자신의 생활 방식을 발견할 수 있는 기회를 주는 것입니다.

헨리 데이비드 소로우는 이런 태도의 좋은 본보기를 제시하고 있는데 그는 이렇게 말합니다.

> 나는 어떤 일이 있더라도 내 삶의 방식을 다른 사람에게 강요하지 않으련다. 그 사람이 내 삶의 방식을 충분히 익히기 전에 내가 다른 생활 방식을 발견했을지도 모르기 때문이다. 하지만 그 외에도 나는 이 세상에 될 수 있는 한 많은 다양한 사람들이 있기를 바라기 때문이다. 나는 각 사람이 매우 신중한 태도를 가지고 자기 아버지의 생활 방식이나 어머니의 생활 방식, 이웃의 생활 방식이 아닌 자신만의 방식을 찾고 추구하게 하련다.[1]

다른 사람을 위해 자리를 마련해주는 것은 결코 쉬운 일이 아닙니다. 그 일을 위해서는 힘겨운 집중과 명확한 작업이 필요합니다. 그 일은 마치 순찰경관이 사고가 일어난 현장에 구급차를 도착시키려고 공포에 사로잡힌 군중 가운데로 길을 내려는 일과 비슷합니다.

사실은 많은 경우 경쟁과 대립 때문에, 또 권력과 즉각적인 결과를 바라는 욕구 그리고 성급함과 좌절 때문에, 무엇보다도 역력한 두려움 때문에, 사람들은 사정없이 무언가를 요구하게 되며 삶의 모든 비어 있는 구석을 다 채우려 듭니다. 비어 있는 자리는 두려움을 일으키기가 쉽습니다. 우리의 생각과 마음과 손이 무언가에 몰입되어 있는 한 우리는 고통스런 물음들에 직면하지 않을 수 있습니다. 우리는 그 질문들에 결코 관심을 많이 두지 않았으며 또한 그 질문들이 생겨나는 것도 원치 않습니다.

'바삐 사는 것' 이 지위의 상징이 되어버렸기 때문에 대부분의 사람들은 몸과 마음을 끊임없이 움직이라고 권합니다. 멀리서 보면 우리는 침묵의 순간을 참지 못하고 서로에게 계속해서 말과 행동을 하도록 애쓰는 듯이 보입니다. 주인은 종종 자기가 계속해서 손님에게 말을 걸어야 하고 손님에게 할 일을 주거나 구경할 곳을 보여주고 손님을 즐겁게 해줘야 한다고 느낍니다. 하지만 비어 있는 구석을 모조리 채우고 비어 있는 시간을 모조리 다른 일로 없애버리면 그들의 환대는 친절을 드러내는 것이 아니라 오히려 부담을 줍니다.

우애가 넘치는 빈 공간 마련하기

우리는 대부분 무언가에 정신을 빼앗겨서 비어 있지 않은 상태가 되기를 바랍니다. 무언가에 정신을 빼앗기지 않으면 우리는 불안해 합니다. 다음 시간, 내일, 내년에 무엇을 할지 모르면 심지어 두려움마저 느끼게 됩니다. 그래서 어딘가에 몰입하는 것은 축복이고 할 일이 없는 것은 저주라고들 합니다. 많은 전화 통화가 "네가 바쁘다는 건 알지만 …"으로 시작합니다. 우리가 만약, "아니, 나는 아주 한가해. 오늘도 내일도 이번 주 계속해서"라고 말한다면 상대방은 당황할 것이며 우리의 위신이 깎일지도 모릅니다. 우리의 고객이 할 일이 거의 없는 사람에게 흥미를 잃는 것은 당연합니다.

항상 바쁘게 활동하고 움직이는 것은 거의 우리 성향의 일부가 되어버렸습니다. 우리가 어느 곳으로 안내받아 앉아 있을 때 읽을 신문도 없고 듣거나 쳐다볼 라디오나 텔레비전도 없고 맞이해주는 사람이나 전화도 없으면 우리는 안절부절못하게 됩니다. 다시 우리의 정신을 빼앗는 것이 있다면 무엇이든지 받아들입니다.

침묵이 왜 그토록 어려운 일인가를 설명해주는 예입니다. 침묵과 쉼, 정적을 간절히 바라고 있다고 말하는 많은 사람들조차도 수도원의 고요함이 거의 견딜 수 없다는 사실을 알게 될 것입니다. 자기 주위의 모든 움직임이 멈추고 아무도 자기에게 질문하거나 충고를 하거나 도움의 손길조차 뻗지 않을 때, 또 음악도 없고 신문도 없을 때 그들은 종종 이런 내면의 불안함을 느낀 나머지 다시금 몰입될 수 있는 기회라면 뭐든지 잡으려 들 것입니다. 그래서 명상하는 분위기의 수도원에서 지내는 처음 몇 주일 혹은 몇 달은 항상 평화롭지는 않습니다. 사람들이 복작거리는 해변이나 캠핑장에서 또 오락장 주변에서 휴가를 보내는 경우가 많다는 것도 사실 놀라운 일이 아닙니다.

이 모든 것을 통해 몰입되어 있는 것은 채우려 하는 것보다 우리를 넘어지게 하는 큰 걸림돌이라는 점을 알 수 있습니다. 우리는 열린 공간과 빈 자리에 대해서 지나치게 두려움을 느낀 나머지 거기에 이르기도 전에 벌써 머릿속이 그 생각으로 꽉 차 있습니다. 우리의 걱정과 염려는 풀리지 않는 문제를 풀리지 않은 채로 놔두지 못하고 또 명확하지 않은 상황을 명확하지 않은 채로 놔두지 못합니다. 그 걱정과 염려 때문에 그 상황에 맞아들어갈 듯한 해결책과 답이라면 뭐든지 다 붙잡습니다. 우리의 걱정과 염려는 사람이나 사건을 이해할 수 없는 상황을 못 견뎌 한다는 점을 보여주며 또 그것들에 이름을 붙이고 분류함으로써 자기가 만들어낸 환상으로 이 공허함을 채우게 만듭니다.

사실 우리는 이름 붙일 수 없는 공허함과 침묵 속의 고독을 두려워한 나머지 무엇에든 깊이 몰입해 있는 사람들이 되었습니다. 사실상 우리가 몰입한 상태에 있기 때문에 새로운 경험을 갖지 못하고 항상 익숙했던 방식에만 매달리게 됩니다. 어디엔가 몰입하려는 행동은 우리 안의 두려움에서 비롯된 것으로서 매사를 이전과 똑같게 유지하려는 하나의 방식입니다. 또 많은 경우 유익하더라도 불확실한 것보다는 무익하더라도 확실한 것을 더 좋아하는 듯싶습니다. 몰입한 상태에 힘입어 수년 동안 만들어왔던 개인의 세계를 고스란히 유지하며 혁명적인 변화로 가는 길을 막아버립니다. 두려움과 불확실함, 적대감 때문에 우리의 내면 세계는, 마치 값나가는 재산이라도 되는 양 붙들고 늘어지는 사상과 견해, 의견과 가치관으로 가득 차 있습니다. 우리에게 열려 있는 새로운 세계의 도전에 직면하여 넓게 펼쳐진 들판에서 싸워보는 대신, 과거에 모아두었던 익숙한 삶의 형태만을 꼭 붙든 채 우리의 관심사의 벽 뒤에 숨어버립니다.

우리가 깊이 빠져 있는 보수적인 선입견에 대한 매우 설득력 있는 표현이 야쿠이 인디언 돈 후안이 인류학자 칼로스 캐스터네다Calos Castaneda와 나누었던 대화 중 한 대목에 나타납니다. 하루는 칼로스가 돈 후안에게, 어떻게 하면 자신이 인디언들의 가르침에 따라 보다 나은 삶을 살 수 있는지 물었습니다. "당신은 지나치게 말과 생각이 많소. 이제는 스스로에게 말하는 짓을 그만두시오"라는 게 돈 후안의 대답이었습니다.

돈 후안은 내면의 대화라는 방법을 통해 자신의 세계를 유지한다는 사실과 내면의 선택을 거듭 되풀이하고 항상 같은 길에 머물면서, 마침내 모든 것이 제대로 될 때까지 자신에게 얘기한다는 사실을 보여주었습니다. 세상은 이러저러하다고 스스로 얘기하는 것을 그친다면 세상은 더 이상 이러저러한 모습으로 남아 있지 않게 될 것입니다. 돈 후안은 칼로스가 이런 충격을 받아들일 준비가 되어 있다고 생각하지 않았지만 세계에 귀를 기울여서 변화가 일어날 수 있도록 하라고 충고했던 것입니다.[2]

이 충고가 '조직 속의 인간'의 귀에는 이상하게 들릴지도 모르지만 예수 그리스도의 말씀을 마음 속에 받아들인 사람에게는 기이하게 들려서는 안 됩니다. 예수님은 우리의 걱정 때문에 하나님의 나라, 다시 말하면 새로운 세계가 임하는 것이 방해를 받는다고 말씀하지 않았습니까? 또한 돈 후안은 우리의 마음과 생각이 우리의 관심사로 가득 차 있어서 새로운 실체에 대해서 말해주는 소리에 귀를 기울이려고조차 하지 않는다면 어떻게 정말로 새로운 무언가가 일어나리라고 기대할 수 있느냐고 묻고 있습니다.

예수님은 이렇게 말씀하십니다. "그러므로 염려하여 이르기를 무엇을 먹을까 무엇을 마실까 무엇을 입을까 하지 말라. 이는 다 이방인들이 구하는 것이라. 너희 천부께서 이 모든 것이 너희에게 있어야 할 줄을 아시느니라. 너희는 먼저 그의 나라와 그의 의를 구하라. 그리하면 이 모든 것을 너희에게 더하시리라. 그러므로 내일 일을 위하여 염려하지 말라. 내일 일은 내일 염려할 것이요 한 날 괴로움은 그날에 족하리라"(마 6:31－34).

채워져 있고 또 몰두하여 있는 이 사회에서 그런 창조적인 공간을 갖는 것은 결코 쉽지 않습니다. 그럼에도 구원과 구속과 치유와 새로운 삶을 기대한다면 우리에게 맨 먼저 필요한 것은 열려 있는 수용의 자리입니다. 즉, 우리에게 무언가가 일어날 수 있는, 새로운 것을 받아들이는 자리입니다. 그러므로 환대는 그만큼 중요한 태도입니다. 새로운 계획이나 방안이나 사상으로는 세계를 바꿀 수 없습니다.

우리는 우리의 확신, 이야기들, 조언과 제안들로는 다른 사람들을 바꾸기조차 힘듭니다. 하지만 그들에게 어떤 공간을 마련해줌으로써 사람들이 거기에서 스스로 적대감을 풀고 그들이 채워져 있는 것들과 몰두하고 있는 것들을 제쳐두고, 자신의 중심에서 말하고 있는 소리에 주의 깊고 신중하게 귀를 기울이도록 할 수 있습니다.

배우기 위해 마음을 비우는 것이 참으로 중요하다는 점이 다음의 이야기에 잘 그려져 있습니다.

> 메이지 시대(1868－1912) 때 일본인의 스승인 난인이 선禪에 대해서 탐구하기 위해 찾아온 한 대학 교수를 맞았다. 난인은 차를 대접했다. 그는 손님의 잔에 계속 차를 부어서 마침내 줄줄 넘쳐 흐르게 되었다. 교수는 잔이 넘치는 것을 보다 못해 말했다. "넘칩니다. 꽉 차서 더 못 담는데요!" "이 잔처럼, 당신 속에는 온통 당신의 생각과 결론뿐입니다. 당신이 먼저 당신의 잔을 비우지 않는 이상 내가 무슨 수로 당신에게 선에 대해서 알려줄 수 있겠습니까?"[3]

적대감을 환대로 바꾸기 위해서는 우애가 넘치는 빈 공간을 마련해야 합니다. 그 공간에서 우리는 우리의 동료에게 다가갈 수 있고 그들을 새로운 관계로 끌어들일 수 있습니다. 이렇게 바꾸는 것은 내적인 사건이기 때문에 인위적으로 조작할 수 없으며 다만 안으로부터 발전되어야 합니다. 나무를 자라게 할 수는 없지만 그 성장을 막는 잡초와 돌멩이는 치워줄 수 있듯이, 이런 개인적이고 사사로운 마음의 변화를 누구에게도 강요할 수 없지만 이런 변화가 일어날 수 있는 자리는 마련해줄 수 있습니다.

Reaching Out 5

환대의 다양한 모습

여러 유형의 인간관계 속에 드러난 따뜻한 환대의 개념은
상대방을 소유하는것이 아니라 서로 섬기고 친구가 될 수 있는
자유롭고 친밀한 공간을 마련해주는 것입니다.

여러 관계들의 내면과 외면

적대감에서 환대로 향하는 움직임은 다른 사람에 대한 관계를 결정짓는 움직임입니다. 아마 우리가 가진 모든 적대감에서 자유로울 수는 없을 것입니다. 또 어떤 때는 적대감이 하루 종일 혹은 몇 주 동안 우리의 정서를 지배해서 우리가 할 수 있는 최선의 일이란 고작 자기 외의 모든 사람들과 거리를 두고 사람들에게 거의 말을 안 하며, 편지도 쓰지 않는 정도까지 되어버릴지도 모릅니다.

때때로 우리 삶에서 일어나는 어떤 일들은 쓰라린 감정이나

시기심, 의심, 심지어는 복수심마저 불러일으키며 이런 감정을 치유하기 위해서는 시간이 걸립니다. 우리가 환대하는 방향으로 움직이길 바라지만 현실적으로는 인생이 참으로 복잡한 까닭에 어느 한 방향으로 옮겨가기만을 기대할 수 없다는 사실을 깨닫게 됩니다. 하지만 다른 사람들이 우리에게 베푼 환대에 대해서 잊지 않으며 또 스스로 어떤 자리를 마련할 수 있었던 몇몇 순간들에 대해서 감사하게 여길 때, 자기 내면의 움직임에 대해서 좀 더 민감해질 수 있고 동료 인간을 향한 열린 태도를 좀 더 분명히 나타낼 수 있을 것입니다.

환대를, 이방인들에게 나아가 그들을 우리의 친구들로 초청할 수 있는 자유롭고 친밀한 자리를 마련하는 것이라고 본다면, 분명 그런 일이 여러 차원에서 그리고 많은 관계에서 일어날 수 있습니다. 이방인이라는 말이 우리 세계가 아닌 다른 세계에 속해 있는 사람, 그래서 언어가 다르고 풍속이 다른 사람임을 암시하기는 하지만, 늘상 대하는 영역에 있는 이방인을 알아채는 것이 무엇보다도 중요합니다.

우선 우리 가운데 있는 이방인들에게 선한 주인 노릇을 할 수 있을 때 따뜻한 환대의 지평을 좀 더 넓힐 수 있는 길들을 발견할 것입니다. 그러므로 환대라는 측면에서 볼 때 상대방을 더 잘 이해할 수 있는 세 가지 유형의 관계를 주의 깊게 살펴보는 것이 도움이 될 것입니다. 그 세 가지 유형의 관계란, 부모와 자녀의 관계, 선생과 학생의 관계, 전문직 종사자, 예를 들면 의사, 사회복지사, 심리학자, 상담자, 간호사, 목사, 신부와 그들이 대하는 환자, 고객, 내담자, 교구민과의 관계입니다.

우리는 살아가면서 이 세 가지 관계 모두에 어느 정도 연루됩니다. 삶은 복잡한 것이어서 우리 자신은 이 세 가지 관계 모두에 그리고 양편 모두에 연루되어 있습니다. 자녀들에게는 아버지이고 학생들에게는 선생님이고 내담자에게는 상담자임과 동시에 다른 상황에서는 자녀이고 학생이고 환자입니다. 좋은 어머니가 되려고 애쓰는 한편 여전히 딸로서 여러 가지 책임들을 지고 있으며 낮에는 가르치지만 저녁에는 교실의 한 쪽에 앉아 있을 수도 있습니다. 다른 이에게는 조언을 하면서도 때때로 우리 자신이 정말로 상담이 절실하게 필요하다는 점을 깨닫곤 합니다. 우리는 모두 자녀이면서 부모이고, 학생이면서 선생이고, 치유자이면서 보살핌이 필요한 사람입니다. 그래서 우리는 다양한 때 다양한 방법으로 서로의 세계를 넘나듭니다.

이런 많은 내면과 외면들의 복잡한 성격으로 인해 여전히 많은 연구들과 조사 프로젝트들과 서적들과 연구소들이 생겨나고 쓰이고 있지만 환대라는 개념이 이 모든 인간 상호간의 관계들에 통일성을 부여할지도 모르겠습니다. 환대하는 자세를 통해 어떻게 이 모든 관계가 "네 이웃을 네 몸과 같이 사랑하라"(막 12:31)는 대계명 아래 나란히 서 있는지 볼 수 있게 될 것입니다.

부모와 자녀

부모와 자녀의 관계를 환대라는 말로 얘기하는 게 어색하게 들릴지도 모르겠습니다. 하지만 자녀는 부모가 소유하여 지배하는 소유물이 아니라 사랑하고 돌보아야 할 선물이라는 점은 기독교의 가르침에서 중심적인 부분입니다. 자녀는 우리의 가정으로 들어와서 조심스러운 관심을 요구하고 얼마 동안 머물다가 때가 되면 자기 나름의 길을 찾아 떠나는 가장 소중한 손님입니다. 자녀는 우리가 알아가야 하는 낯선 사람입니다.

자녀는 자기 나름대로의 양식과 리듬과 선악을 판단하는 능력을 가지고 있습니다. 그러므로 부모를 보고 자녀를 알 수는 없습니다. 그래서 부모들이 자녀에 대해 "그 애들은 모두 제각각이에요. 서로 비슷한 아이가 하나도 없다니까요. 애들을 보면 깜짝 깜짝 놀랄 때가 많아요"라고 말하는 것도 그리 놀랄 일은 아닙니다. 부모는 다른 가족들이나 친구들보다 자녀들이 자신들과 그리고 서로간에도 더 다르다는 점을 종종 깨닫습니다.

자녀들은 약속을 안고 태어납니다. 그런데 그 약속은 숨겨진 보물로서, 환대가 있는 가정에서 교육(education; e=밖으로 ducere=이끌어낸다)을 통해서만 열리도록 되어 있습니다. 이 낯선 어린 아이가 편안하게 느끼도록 하려면 많은 시간과 인내가 필요하고, 부모들이 자녀 사랑하는 법을 익혀야 한다는 말은 아주 현실적인 말입니다.

때로는 아버지나 어머니가 갓난아기를 바라보노라면 마치 낯선 사람을 보듯이 아무런 특별한 애정이 느껴지지 않는다는 사실을 아주 솔직하고 스스럼없이 고백하기도 합니다. 그것은 아이가 원치 않는 아이였기 때문이 아니라 사랑이라는 것이 자동적으로 생기는 것이 아니기 때문입니다. 사랑은 성숙되고 깊어지는 관계에서 생기기 때문입니다. 부모와 자녀 간의 사랑이 발전하고 성숙하여 결국은 그들이 서로를 향해 다가가고 서로가 동료 인간임을 발견하는 데에까지 이르러야 합니다. 따라서 부모와 자녀 사이에는 서로 함께 나누어야 할 것이 많으며 서로의 나이 차나 재능, 행동의 차이가 그들의 공통된 인간됨에 비하면 아무것도 아니라는 사실을 발견해야 합니다.

부모가 자녀에게 줄 수 있는 것은 가정인데, 이 가정은 받아들이는 분위기가 형성되어 있으면서도 안전한 경계선들이 정해져 있어서 자녀들이 안정적으로 성장하고 또 유익한 것과 해로운 것을 발견할 수 있는 곳입니다. 가정에서 자녀들은 두려움 없이 질문을 던질 수 있으며 거절당하는 위험을 감수하지 않고서도 인생을 실험해볼 수 있습니다. 가정 안에서 자녀들은 자기 내면의 자아에 귀를 기울이도록 훈련받고 집을 떠나 세상을 돌아다닐 수 있는 용기와 자유를 계발하도록 격려 받을 수 있습니다.

따뜻한 환대가 있는 가정은 실로 아버지와 어머니 그리고 자녀가 각자의 재능을 서로에게 드러낼 수 있을 뿐만 아니라 한 가족의 구성원으로서 서로 인격적으로 대하고 함께 살 수 있으며 자기도 살고 남도 살리는 공동 싸움에서 서로에게 힘이 되어줄 수 있는 곳입니다.

자녀가 손님이라는 인식은 우리를 자유롭게 해줍니다. 대부분의 부모들은 자녀들의 모든 행동에 대한 책임이 자기들에게 있다는 생각으로 깊은 죄책감에 시달리기 때문입니다. 자녀들이 못된 짓거리를 하며 살아가는 모습을 보면 부모들은 '우리가 뭘 잘못해서 저렇게 되었을까? 이렇게 되지 않으려면 우리가 어떻게 했어야 했나?' 라고 자문하며 스스로를 질책하거나 그들이 어디에서부터 잘못되었는지를 따져볼 것입니다. 하지만 자녀들은 소유물이 아니기에 꼭두각시 인형극을 하는 사람이 인형을 부리듯이, 또는 조련사가 사자를 훈련시키듯이 다룰 수 없습니다. 자녀는 우리가 접대해야 할 손님이지 우리에게 조롱당하는 소유물이 아닙니다.

유아 세례의 가치에 대해 의문을 제기하는 부모들이 많습니다. 하지만 어렸을 때 세례를 받는 중요한 이유 중 하나는, 부모가 아이를 교회에 데려올 때 그 부모는 아이가 자기들의 개인 소유물이 아니라 혈연의 가정보다 훨씬 큰 공동체에 주신 하나님의 선물이라는 사실을 되새기게 된다는 점입니다. 우리 문화에서는 자녀에 대한 모든 책임이 아이를 낳은 부모에게 있는 것 같습니다. 고층 아파트에서 핵가족을 이루어 때로는 이웃을 두려워하면서 사는 아이들은 사실 자기 부모에게 의지할 수밖에 없습니다.

> 멕시코를 방문했을 때 나는 마을 광장의 벤치에 앉아서 아이들을 지켜보며 그들의 가족이 참으로 많다고 느꼈다. 이모와

삼촌, 친구, 이웃들이 아이들을 껴안고 뽀뽀하며 다녔다. 광장에서 재미있게 저녁을 보내는 공동체 전체가 마치 그 어린아이들의 아버지요 어머니가 된 것처럼 보였다. 그들의 사랑과 그들의 두려움 없는 움직임을 통해 나는 그들에게는 모든 사람이 가족이라는 점을 깨닫게 되었다.

교회는 아마도 우리와는 다른 사람, 큰 가족을 이룰 수 있는 사람들을 만나게 되는 몇 안 되는 장소 중 하나일 것입니다. 아이들을 교회로 데려가서 세례를 주면, 적어도 그들이 더 큰 공동체 안에서 태어났다는 점과, 공동체가 그들에게 두려움 없이 자랄 수 있는 자유로운 공간이라는 점을 되새기게 해줍니다.

부모의 막중한 임무는 아이들이 신체적, 지적, 영적으로 제 발로 설 수 있고 제 나름의 방향으로 나아가는 자유를 행사하기까지 자랄 수 있게 도와주는 것입니다. 그런데 부모들이 자주 빠지는 시험은 자녀들이 부모들에게 빚진 게 많다는 점을 직간접적인 방법으로 암시하면서 자녀에게 매달리고 자녀를 통해 자신이 이루지 못한 바람을 이뤄보려 하고 자녀에게 집착하는 것입니다. 그런 현상은 지금도 계속됩니다.

사실 오랜 세월에 걸쳐 많은 사랑을 쏟았고 정성들여 키워놓은 자녀를 떠나보내기는 어렵습니다. 하지만 자녀들은 나름대로의 행로가 있는 손님에 불과하며 우리가 그들의 행로를 알 수도 없고 지시할 수도 없다는 점을 계속 되새기면 평안한 마음과 축복하는 심정으로 그들을 보내기가 쉬워질 것입니다. 좋은 주인이라면 존중하는 마음으로 손님을 맞고 손님에게 필요한 모든 것들을 베풀 뿐만 아니라 그들이 떠나야 할 시간이 왔을 때 놓아줄 수도 있어야 합니다.

스승과 제자

부모와 자녀의 관계뿐만 아니라 스승과 제자 관계에서도 따뜻하게 맞이하는 환대는 사람 사이에 이뤄지는 창조적인 상호 교환 행위를 보여주는 본보기라 할 수 있습니다. 새로운 정신, 즉 우리를 구원하고 자유롭게 해주는 영성이 필요한 영역이 있다면 그것은 바로 교육의 영역입니다. 그 교육의 장에서 수많은 사람들이 제자로서 혹은 스승으로서 또는 두 가지의 입장에서 인생을, 최소한 그들 삶의 중요한 시간을 보냅니다.

우리 문화의 커다란 비극은 수백만의 젊은이들이 계속해서 점점 더 반항심을 키워가는 가운데에서도 강의를 듣고, 책을 읽고, 논문을 쓰면서 많은 시간, 많은 날, 많은 세월을 보낸다는 사실입니다. 이런 현상이 너무 만연한 나머지 초등학교에서 대학원에 이르는 모든 수준의 교직에 종사하는 선생님들은 학생의 주의를 끌고 학생들에게 학습 동기를 부여할 때면 사람들로부터 칭찬과 인정을 받습니다. 실제적으로 모든 학생들이 자신이 받는 교육을 끝없이 이어지는 의무의 연속으로 여기고 있습니다. 인간 내면에서 자연스럽고도 자발적으로 일어나는 호기심을 죽이고, 인간의 알고

자 하는 욕구를 무디게 만들어버린 문화가 있다면 그것은 바로 이 사회의 기술 관료주의입니다.

교사들은 성인이라면 최소한 스무 장 이상 레포트를 '제출해야 한다' 고 부담을 느끼는 기묘한 상황에 대해서 거의 무감각해지기조차 했습니다. 우리는 삶과 죽음의 문제에 대해 강좌를 듣고 있는 사람들이 과제물은 어느 정도 '내야 하냐' 고 근심스럽게 물어올 때도 놀라움을 느끼지 않게 되었습니다. 대부분의 학생들은 인간 실존의 가치와 의미에 대해서 말이나 글로 자기 나름의 경험을 표현한 이들의 도움을 받아 수년간을 자유롭게 탐구하며 보내는 대신 학점과 학위와 상을 '얻으려고' 끊임없이 노력하면서 그것을 위해서는 자신의 성숙마저도 기꺼이 희생하고자 합니다.

이런 풍토에서는 배움에 대해 엄청난 반항심이 생겨난다는 것이 놀라운 일은 아닙니다. 또 학생들이 선생님을 지식과 인생에 대한 자신들의 탐구를 도와주는 안내자로 보기보다는 무언가를 자꾸 요구하는 윗사람으로 보는 교육적 현실이 참된 지적, 정서적 발달을 가로막는다는 점도 놀라운 일이 아닙니다.

교육의 가장 큰 문제 중 하나는 문제 제기가 없는 상태에서 해결책을 준다는 것입니다. 구성과 정보의 원천으로서 사람들이 가장 사용하지 않는 방법은 학생들 스스로 경험해보게 하는 것인 듯합니다. 때로 교사들이 사랑과 미움에 대해서, 또 두려움과 기쁨, 희망과 절망에 대해서 말하면 학생들은 그것을 공책에 그대로 받아 적고만 있다거나 따분하다는 듯이 창밖을 보고 있습니다. 학생들 스스로 사랑과 미움, 두려움과 기쁨, 희망과 절망을 체험할 기회와 자신의 개인적인 경험에서 우러나오는 참된 물음이 생겨날 기회가 없었다는 점을 인식할 때에야 비로소 이런 상황을 이해할 수 있습니다. 그러나 적대적인 분위기에서는 누구도 자기를 있는 그대로 내보이려 하지 않으며, 삶의 가장 중심이 되는 몇 가지 물음이 자신 속에 여전히 해결되지 않은 채 남아 있다는 사실을 자신에게나 동료 학생들에게 혹은 선생님에게 알리려고 하지 않습니다.

그러므로 가르침에는 무엇보다도 학생과 교사가 서로 마음을 터놓고 대화할 수 있으며, 그들 각자의 인생 체험이 성장과 성숙에 가장 주되고 핵심적이고 가치있는 원천이 될 수 있는 공간을 마련해주는 일이 수반되어야 합니다. 가르침에는 상호 신뢰가 있어야 합니다. 이런 상호 신뢰 가운데서 가르치는 사람과 배우려는 사람은 서로 대립자가 아니라 같은 진리를 찾기 위해 함께 탐구하고 고군분투하는 사람들로 대할 수 있습니다.

한 학생이 선禪 명상에 대한 책을 요약해서 대단히 열정적으로 발표하던 일이 기억난다. 그런데 그 학생 자신의 삶의 체험들인 불안함과 외로움, 그리고 고독과 고요함에 대한 갈망은 여전히 모르는 채였다. 말이 의사 소통에 장애가 될 수 있듯이 책이 자기 자신에 대한 인식을 가로막을 수 있는 법이다.

교사뿐만 아니라 학생들도 서로에게 거절당할지도 모른다는 두려움과 자신의 능력에 대한 의심과 못 미더움, 많은 경우 겉으로 드러나지 않는 서로를 향한 분노에 상당히 영향을 받습니다. 이런 상황은 교육적인 환경과는 거리가 멉니다. 무섭게 느껴지는 사람에게 자신의 가장 귀한 재능을 보여줄 사람은 아무도 없습니다.

그렇지만 교실에서 서로에게 따뜻하게 환대하는 자세를 보여주는 게 가능할까요? 결코 쉽지 않습니다. 왜냐하면 교사나 학생 모두 서로에게 요구하는 것이 많고 우격다짐으로 떠밀고 종종 착취하기도 하는 사회의 일원으로 살아가기 때문입니다.

이 사회에서 개인의 성장과 발달은, 생산력과 학점을 획득하고 생계를 이어가는 능력에 비하면 부차적인 것이 되어버렸습니다. 이런 생산 지향적인 사회에서는 학교에서조차도 더 이상 경쟁에 대한 두려움이나 상벌에 대한 염려 없이, 우리가 왜 살고 사랑하고 일하고 죽는지에 대한 물음을 제기해볼 수 있는 여력이나 공간이 없습니다.

그럼에도 불구하고 가르침은 여전히 기독교의 영성이라는 관점에서 볼 때 아무런 거리낌 없이 이러한 물음들을 제기할 수 있고 그 물음에 답할 수 있는 자리를 마련해주는 행위를 뜻합니다. 또 미리 정해진 답을 제시하는 것이 아니라 진지하면서도 분명하게 개인적으로 그 물음 가운데 들어가라고 격려하는 것을 말합니다. 환대라는 측면에서 가르침을 바라보면 교사는 학생에게 지적이고 정서적인 발전을 이룰 수 있는 자유롭고 두려움 없는 자리를 만들어주는 일에 부름을 받았다고 말할 수 있습니다. '교사의 영성' 에 대해서 말하려면 선생의 임무 가운데 두 가지 측면인 드러내 보이는 것과 견고히 해주는 것에 특별히 주의를 기울여야 합니다.

환대해주는 교사는 학생들에게 자신도 베풀 것이 있다는 점을 드러내야 합니다. 많은 학생들은 오랜 세월 동안 받는 입장에만 있었고 또 아직도 배울 것이 더 많다는 생각에 빠져 있습니다. 그런 생각에 지나치게 깊이 빠진 나머지, 그들은 자신감을 잃어버렸으며 자기들보다 교육을 덜 받은 사람들뿐만 아니라, 동급생과 선생에게까지도 자신들이 베풀 만한 것이 있다고는 거의 생각하지 않습니다.

그러므로 교사는 무엇보다도 그들의 지적인 삶을 가리고 있는 베일을 걷어내고 드러냄으로써 자기 나름의 인생 체험과 통찰, 신념과 직관이 진지하게 관심을 가질 만한 것이라는 점을 학생들이 깨닫도록 해주어야 합니다. 진정한 관심을 보이는 이들에게만 드러내 보이고 싶은 전도유망함이 손님에게 있음을 믿어주는 주인이 좋은 주인입니다.

학생들에게 전혀 읽어보지 못한 책과 들어보지 못한 용어를 대면서, 또 그들에게 생소한 상황을 예로 들어가면서 감명을 주는 것은 쉽습니다. 반면 교사가 주는 사람이 아니라 받는 사람이 되어서 자신들의 삶에서 알곡과 가라지를 조심스럽게 구별하도록 해주며 그들이 지니고 있는 은사의 아름다움을 학생들에게 보여주는 것은 어렵습니다. 받을 수 있는 사람이 없으면 우리에게 뭔가 줄 수 있다는 사실을 우리는 결코 믿지 못할 것입니다. 실로 우리는 받는 이의 눈을 통해서 우리의 은사를 발견합니다. 감명을 주고 통제하려는 욕구에서 자유로울 수 있는 교사, 그리고 학생들이 가진 새로운 것들을 받아들이는 자세를 갖춘 교사라면 은사는 그런 수용적인 분위기 속에서 드러난다는 사실을 알게 될 것입니다.

선하고 가치 있는 것, 또는 새롭게 기여하는 것으로 밝혀진 것은 긍정적으로 세워주어야 합니다. 긍정적인 말로 세워주고 격려하여 뒷받침해주는 일은 비판하는 일보다 훨씬 더 중요합니다. 좋은 주인이란 손님으로 하여금 그들에게 숨겨진 재능이 있음을 보게 할 뿐만 아니라 그들이 그 재능을 계발하고 향상하도록 도와주어서 새로운 자신감을 가지고 스스로 그 길을 계속 갈 수 있도록 해주는 사람입니다.

자기 회의는 많은 학교에서 흔히 유행하는 질병입니다. 그 때문에 긍정적인 말로 세워주는 것이 그 어느 때보다도 중요합니다. 긍정적인 말로 세워주는 일은 많은 것을 의미합니다. 그것은 단순히 관심이나 놀라움의 표현이나 감사의 말 정도를 의미할 수 있습니다. 또 좋은 책들을 추천해주는 것이나 특별한 재능이 있는 사람을 소개해주는 것을 뜻할 수도 있습니다. 긍정적인 말로 세워주는 일은 적절한 사람들을 함께 모일 수 있게 해주거나 더 생각할 수 있는 시간과 자리를 할애하는 것을 뜻하는 경우도 많습니다. 하지만 항상 긍정적으로 사람을 세워주는 일에는 관심을 가지고 꾸준히 돌봐줄 가치가 있다는 신념이 내재해 있습니다.

특별히 종교 교육에서 드러내는 일과 긍정적인 말로 세워주는 일은 대단히 중요합니다. 그토록 많은 학생들이 종교적 가르침에 관심이 없다는 사실은 종교적 가르침이 그들의 인생과 관련이 없다는 사실과 상당한 관계가 있습니다. 그리스도인이 되는 방법은 사람마다 다릅니다. 그러기에 학생들에게 자리를 마련해주는 것이 그들에게 어떤 교리나 미리 체계화된 사상을 들이미는 것보다 더 중요합니다. 그런 여건에서 학생들은 사랑하고 베풀고 창조할 수 있는 그들의 엄청난 잠재력을 드러낼 수 있습니다. 또 그들에게 용기를 주어 두려움 없이 그들의 탐구를 계속할 수 있도록 격려할 수 있습니다.

자신의 삶에서 체험하게 되고, 해방과 새로운 삶을 바라는 내면의 갈망에 귀를 기울이는 법을 익힌 다음에야 깨닫게 되는 사실이 있습니다. 예수님은 단순히 말씀을 전하신 것이 아니라 우리의 가장 개인적인 욕구를 다루셨다는 점입니다. 복음서는 기억할 만한 사상들만 담고 있지는 않습니다. 복음은 우리가 각기 처한 인간적인 상황에 부응하는 소식입니다. 또한 교회는 규칙을 따르라고 강요하는 단체가 아닙니다. 교회는 우리의 주림과 목마름을 채워주기 위해 상을 차려놓고 우리를 부르는 사람들의 공동체입니다. 교리는 우리가 고수해야 하는 생소한 문구들이 아니라 시간과 공간을 초월하여 어둠 가운데 하나의 빛으로 여러 세대를 거쳐 전수된 가장 심오한 인간의 경험을 상세하게 문서로 작성한 것입니다.

그렇다고 해도, 스스로의 어둠을 느끼지 못하는 사람에게 빛에 대해 말해봐야 무슨 의미가 있겠습니까? 길에는 여러 종류가 있다는 점을 깨닫지 못한 사람에게 유일한 길이신 그분에 대해 말할 이유가 무엇이겠습니까? 물음들이 있다는 것조차 모르는데 어떻게 그 사람이 진리를 갈망할 수 있겠습니까?

많은 이들이 종교 교육을 따분하고 쓸데없는 것이라고 느낀다는 사실과 또 종교 교육이 기쁨 대신 두려움을 주고 영적으로 자유하게 하는 대신 정신적으로 얽어맨다고 불평한다는 사실은 전혀 놀라운 일이 아닙니다. 그렇지만 안식처와 내면의 고독을 발견하고 자신의 마음으로부터 우러나온 물음에 주의 깊게 귀를 기울여본 사람이라면 종교적인 교육의 장에서 나오는 말들이 상처를 주는 말들이 아니라 고침을 주는 말이라는 사실도 깨닫게 될 것입니다.

따라서 드러내 보이는 일과 긍정적인 말로 세우는 일은 교사와 학생의 관계에서 중요한 두 측면입니다. 이 두 측면을 통해 학생은 학식이 있는 사람을 찾아온 가난하고 빈궁하고 무지한 거지가 아니라, 사실 그곳을 방문함으로써 그 집을 빛나게 하고 반드시 무언가 남기고 떠나는 손님과도 같은 존재라는 사실을 알 수 있습니다. 가르침을 환대의 한 형태로 보게 되면 터무니없는 부담에서 해방되고 가르침이 주는 환희의 순간들을 도로 찾게 될 것입니다.

부모가 자기의 자녀를 소유물로 여기기 쉽듯이 교사들도 학생들을 대할 때 비슷한 태도를 가질 수 있습니다. 사실, 많은 선생님들이 소유욕에서 나온 책임감 때문에 상심하고 낙담하는 경우가 많습니다. 학생들이 자기의 생각이나 조언, 제안을 받아들이지 않을 때 교사들은 언짢아하거나 심지어는 죄의식을 느끼고 종종 자기들이 교사로서 부적격하다는 감정을 깊이 느끼면서 괴로워하기도 합니다.

그러므로 우리가 교사의 위치에 있을 때는, 학생을 어떤 특정한 모양의 선한 삶으로 붙박아놓을 수 없다는 점과, 그들은 우리의 교실에 오기 전에 이미 많은 교실을 거쳐왔으며, 잠시 머물다 가는 방문객에 불과하다는 사실을 명심하는 게 좋습니다. 교사가 학생들과 맺는 관계는 무엇보다도, 탐구의 과정에 있는 학생들에게 그들이 자신들의 마음과 생각 속에 일어나는 많은 단상들을 구체화시키고 또 자신들의 삶을 세워나갈 바탕이 되는 사고와 감정의 유형을 발견하도록 돕는 관계입니다. 조력자로 곁에 함께 있어줌으로써 우리는 안전한 경계선이 있는 공간을 그들에게 제공할 수 있습니다. 그 공간 안에서 학생들은 움츠러든 방어적인 자세를 버리고 자기 삶에서 강한 면과 약한 면 모두를 부지런히 살펴서 추구할 만한 가치가 있는 인생의 목표를 찾을 수 있습니다. 교사는 학생들이 교사들의 꿈이 아닌 그들의 꿈으로 자신을 이끌어가는 사람이 되라고 격려해야 합니다.

하지만 많은 학생들은 그들이 거쳐야 했던 교육 기관의 요구에 이미 질렸고 또 뭔가 새로운 것을 기대하는 사람에 대해서는 일단 의심하기 때문에, 진심으로 따뜻하게 대해주는 선생님에게 어떤 반응을 나타내야 하는지, 더 나아가 선생님과 자신을 신뢰해야 하는지조차 모르는 것이 사실입니다. 또 한편으로 많은 열정을 가진 교사들은 학생들에게 '다가가는 데' 지쳐버렸고 자신들이 속한 수많은 조직들, 때로는 익명의 조직들이 그들에게 부여하는 요구에 기진맥진해져 그들의 환대하는 자세는 곧 방어적인 자세로 바뀝니다. 학생들의 은사를 드러내주고 그들을 긍정적으로 세워주는 대신 학생들에게 요구하고 통제하며 심지어 어떤 경우에는 감정을 폭발시키며 앙갚음을 하기도 합니다. 그러므로 많은 학교가 수용력 있는 주인들을 길러내기보다는 냉정한 경쟁자들을 배출해내는 일이 많다는 점은 그리 놀라운 일이 아닙니다.

치유자와 환자

끝으로, 의사나 사회복지사, 상담가, 목사같이 다른 이들을 도와주는 직업을 통해서 동료 인간들에게 발돋움하려는 모든 사람들이 항상 되새겨야 할 점은 돌봐주어야 할 사람이 자기 소유가 아니라는 점입니다.

고침을 베푸는 여러 가지 직업이 점점 더 전문화되어감에 따라 생길 수 있는 아주 위험한 현상은 그 직업들이 섬김을 베푸는 통로가 아니라 권력을 행사하는 통로가 된다는 사실입니다. 흔히 볼 수 있듯이 많은 환자들, 즉 병을 앓고 있는 많은 사람들은 자기에게 도움을 주는 상대방을 무섭고 두려운 존재로 여깁니다. 치유가 필요한 이들은 의사, 심리학자, 신부, 목사, 간호사, 사회복지사가 마치 신비한 능력을 가지고 있기나 한 것처럼 생각하는 경우가 많습니다. 많은 환자들은 이들 전문가들이 자신이 이해할 수 없는 말을 할 수 있고 의문을 제기할 수 없는 일들을 할 수 있으며, 또 많은 경우 아무런 설명도 없이 자기들의 생명에 대해 결정할 수 있다고 인정합니다. 많은 환자들의 얼굴에 나타난 두려움과 외경이 기묘하게 뒤섞인 표정을 눈으로 직접 보고 싶으면 여러 부류의 환자들이 모여 있는 환자 대기실들을 둘러보십시오. 현재의 힘겨운 고통을 더 힘겹게 할 뿐인 이런 감정을 가장 잘 느끼는 사람들은 가난한 사람들입니다.

> 볼리비아에서 여름을 보내는 동안 내가 실제로 참여했던 세례식이 모두 죽은 아기를 위한 세례였다는 점을 알게 되었다. 그 사실을 깨닫고 나는 충격을 받았다. 나중에야, 많은 사람들이 신부가 있는 교회에서 멀리 떨어져 살기 때문에, 어떤 경우는 교회까지 5시간도 넘게 걸어와야 하므로 망설이다 보니 아이들이 세례를 받지 못했다는 것을 알았다. 그러다 병이 들거나 사고를 당하거나 먹을 것이 없어서 아기가 죽으면 부모들은 극심한 죄책감과 공포심을 느낀 나머지 먼 거리도 마다 않고 죽은 아이를 데리고 와서는 장사지내기 전에 세례를 해달라고 부탁했다. 사실 세례는 죽은 자가 아닌 산 자를 위한 것이기 때문에 그들의 요구를 들어줄 수 없었다. 그러나 세례를 주지 않겠다고 하면 그들의 공포와 슬픔을 더하게만 할 뿐이라는 생각으로 신부는 이러지도 저러지도 못한 나머지 자기가 할 수 있

> 는 최선을 다해 그들을 도와주려고 했던 것이다. 이 모든 것을 통해 드러나는 사실은, 오랜 세월 동안 교구민들은 신부를 친밀한 친구이며 믿을 만한 종으로 보기보다는 거리감이 느껴지는 무섭고 강력한 권력을 가진 사람으로 보았다는 점이다.

기술이 고도로 발달한 나라들에서도 사제관이나 목사관은 어떤 문제를 갖고 찾아가면 언제라도 환영받을 수 있는 곳이라고 여겨지는 일이 별로 없습니다. 어떤 사람들은 신부나 목사를 무서워하고 어떤 이들은 그들에게 적대감이나 증오감까지 느낍니다. 또 많은 사람들은 그들에게서 진정한 도움을 받겠다는 기대를 별로 하지 않으며 아주 소수의 사람만이 거리낌없이 사택의 문을 두드립니다.

고통받고 있는 사람들의 입장에서 교회당은 따뜻하게 맞이해 주는 집이 아니라 권력 있는 자의 집으로 비쳐집니다. 이 사실은 다른 전문 직업인들에게도 마찬가지로 적용됩니다. 몸의 병은 고쳤지만 비인격적으로 느껴지는 치료를 받은 것 때문에 마음으로는 상처를 받은 채로 병원 문을 나서는 사람들이 얼마나 많습니까? 정신과 의사나 심리학자, 사회복지사, 상담가와 상담을 하고는 그들의 모호한 태도와 직업상 풍기는 거리감에 화가 나서 돌아오는 사람이 얼마나 많습니까?

그리고 다른 이들을 돕는 이 전문 직업인들에게만 비난의 화살을 돌리기는 너무도 쉽습니다. 환자들을 열려 있는 자세로 대하는 것이 얼마나 어려운 일인지를 누구보다도 잘 알고 있는 사람들이 바로 그들인 경우가 많습니다. 우리 사회에서는 기술 관료적인 능률화 때문에 치료를 베푸는 직업인들의 인간관계가 매우 비인격적으로 변해버렸습니다. 또 수요가 점점 더 많아지는 탓에 치료를 담당하는 이는 지나치게 간섭하는 것을 피하기 위해 환자와 감정적으로 어느 정도 거리를 두게 되었습니다.

그러나 이런 어려운 상황일지라도 치료하는 이는 끊임없이 영성을 쌓기 위해 애써야 합니다. 이 영성을 통해 인간관계의 폭력을 막을 수 있으며 또 이 영성을 통해 치료하는 사람이나 환자가 깨진 인간관계의 상황을 함께 겪고 있는 동행자로서 서로에게 다가설 수 있는 자리가 마련될 수 있기 때문입니다.

기독교 영성의 관점에서는 모든 사람이 치유자로 부름을 받았다는 점을 강조하는 것이 중요합니다. 특별히 오랫동안 힘든 훈련을 받아야만 하는 전문 직업이 많다 하더라도, 치유하는 일을 전문가에게만 맡겨둘 수는 없습니다. 사실, 전문가들은 그들의 일에서 자신의 인간애를 그대로 살릴 수 있을 뿐입니다.

만약 그들이 자신들의 직업을 하나님의 백성 전체를 대신해서 행하는 것은 아니라 해도 하나님 백성의 일원으로서 행하는 어떠한 형태의 봉사로 본다면 말입니다. 우리 모두는 다른 이들에게 건강해지도록 치유를 베풀 수 있는 사람들이며 동시에 우리는 끊임없이 도움이 필요한 환자들입니다. 이것을 깨달을 때에야 비로소 전문 직업인들은 거리감을 주는 기술자로 전락하지 않게 되며,

또 보살핌이 필요한 사람들도 자신들이 이용당하고 있다거나 조종당하고 있다는 느낌을 갖지 않게 될 것입니다.

그러므로 전문화가 가져다줄 수 있는 위험스런 면은 아마도 전문가에게 있기보다는 오히려 비전문가에게 있습니다. 이들 비전문가들은 자신의 잠재력을 과소 평가하여 자신의 창조적인 능력을 사용해보지도 않은 채 자격증을 가진 권위자에게 재빨리 의뢰해버리는 경향이 있습니다. 하지만 치유를 낯선 사람을 위해 자리를 마련해주는 것이라고 본다면, 분명히 그리스도인이라면 누구나 반드시 필요한 형태의 환대로 치유를 제공할 수 있는 자발성과 능력을 갖춰야 합니다.

> 전문 대학원에서 가르치는 동안 나는 엄청난 상담 요구 때문에 꼼짝달싹못하게 되었다. 전임 상담자들이 있었지만 과중한 업무에 짓눌린 나머지 금세라도 보조 상담자나 임시 상담자를 요구할 지경이었다. 그러나 2년 동안 학생들과 함께 지내며 공부하는 동안 내가 점점 더 의아한 것이 있었는데 학생들 스스로가 서로를 보살피는 자신의 재능을 숨기고 있는 것은 아닌가 하는 점이었다. 수업 시간에 나누는 대화나 파티 석상에서 또는 직접 상담을 하는 동안 나는 그들의 동정심과 열린 마음과 참된 관심, 귀기울여 듣고 말하고자 하는 자발성, 그리고 학생들 사이에서는 거의 드러나지 않았던 여러 은사들을 엿보았을 뿐만 아니라 경험하기 시작했다. 그들 가운데는 외로움을

> 호소하고 공동체 의식이 없는 것과 비인격적인 분위기에 대해서 불평을 토로하며 우정과 격려와 경험을 함께 나눌 친구를 너무도 바라고 있다고 말하는 학생들은 많았다. 자기들이 지닌 놀라운 치유의 재능을 드러내서 동료 학생들을 도와주는 학생은 극히 소수에 불과했다. 두려움이나 자기가 가진 인간적인 은사에 대한 자신감 부족 때문에 많은 학생들이 너무나도 귀중한 재능을 썩히고 있었다.

우리는 종종 우리가 알고 있는 그 이상을 서로 베풀 수 있습니다. 유명한 정신과 의사인 칼 메닝거Kar Menninger는 정신과 레지던트 학급에서, 정신병 환자의 치료 과정 중 가장 중요한 부분이 무엇이냐고 학생들에게 질문을 던졌습니다. 어떤 학생은 환자가 의사와 갖는 정신 치료적 관계라고 대답했고 어떤 학생은 앞으로 행할 바를 조언해주는 것이라고 대답했습니다. 또 다른 학생은 약을 조제해주는 것이 가장 중요하다고 했으며, 퇴원한 다음에 가족과 계속적으로 접촉하는 것이 가장 중요하다고 대답하기도 했습니다. 그 외에도 몇 가지 다른 대답이 있었습니다. 하지만 칼 메닝거는 이 대답 중 어느 것도 정답이라고 하지 않았습니다. 정답은 '진단' 이었습니다. 치료를 하는 자의 가장 중요한 임무는 올바른 진단을 하는 일입니다. 정확한 진단 없이는 그후의 치료는 거의 효과가 없습니다. 미래에 정신과 전문의가 될 사람들에게 했던 칼 메닝거의 이 말은 분명, 정신과 의사의 진단술을 익히는 데 최대한 관심을 기울여야 한다는 뜻이었습니다.

그렇지만 우리가 진단이라는 말을 그 말 본래의 심오한 의미인 '속속들이 안다(diagnosis; dia=속속들이 gnosis= 앎)' 라는 의미로 본다면, 모든 치유의 가장 중요한 측면은 환자를 충분히 알려는 관심 어린 노력이라는 점을 알 수 있습니다. 즉, 진단이란 현재 그들의 삶을 모양짓고 형성하며 오랜 세월 동안 그들을 이끌었던 그들의 즐거움과 아픔, 기쁨과 슬픔, 성공과 좌절을 알려는 노력입니다. 이것은 결코 쉬운 일이 아닙니다. 자신의 아픔을 마주보는 일도 어려운데 다른 이의 아픔에 직면하는 일은 오죽하겠습니까? 마치 우리가 가야 할 목적지를 샛길로 돌아서 가고 싶어하는 것처럼 우리는 치료받아야만 하는 상처들에 대해 깊이 알지 못한 상태에서 조언과 치료를 해주곤 합니다.

그러나 우리가 참으로 어느 사람에게 다가가서 치유자가 되는 것은 상대방에 대해 충분히 알고 싶어하는 자발적인 태도를 가질 때 가능한 것입니다. 그러므로 치유란 무엇보다도, 고통을 겪고 있는 사람이 정말로 관심 있게 들어주는 사람에게 자기의 얘기를 털어놓을 수 있는 친밀한 빈자리를 마련해주는 것을 뜻합니다.

이런 귀기울임을 종종 기교라고 해석하는 것은 유감스런 일입니다. 우리는 이렇게 말합니다. "그 사람에게 털어놓고 이야기할 기회를 줘. 그게 그 사람에게 좋을 거야." 또 우리는 귀기울여 듣는 일이 주는 '카타르시스' 의 효과에 대해 말하면서, '속에 담아둔 걱정을 털어놓는 것' 이나 '솔직히 말하는 것' 은 그 자체로서 마음을 푸는 효과가 있을 것이라고 합니다. 하지만 귀기울여 들어주는 것은 계발해야 할 기술이지, 멍키스패너로 너트와 볼트를 조이는 따위의 기교가 아닙니다. 귀기울여 듣는 것은 서로를 온전히 그리고 진정으로 마주하는 과정이 전제되어야 합니다. 이것은 실로 아주 수준 높은 환대의 자세입니다.

속속들이 알기 위해 귀기울여 듣는 것이 치유에 왜 필요할까요? 이는 귀기울임을 통해서 낯선 곳을 여행하는 사람들이 그곳의 지형에 친숙해지고 그들이 가고자 하는 길을 발견할 수 있기 때문입니다. 우리 중 많은 이들은 자신의 삶의 역사에 대한 감수성을 잃어버렸습니다. 그래서 그들은 자신들의 삶을 자기가 통제할 수 없고 예측할 수 없는 사건의 연속이라고 느낍니다. 자기가 아닌 다른 것에 온통 주의를 기울이고 우리 주위에서 벌어지는 것에 마음을 빼앗기면 우리는 자기 자신에게 낯선 사람이 되어서 다른 사람에게 얘기해주거나 다른 사람의 이야기를 들어주지 못하게 됩니다.

치유의 의미는 무엇보다도, 낯선 이가 자기만의 독특한 이야기에 민감해지고 거기에 순종할 수 있게끔 배려하는 데 있습니다. 그래서 치유를 베푸는 이는 배우고자 하는 학생이 되며, 환자는 가르치고자 하는 교사가 됩니다. 교사가 자기 생각을 학생들에게 제시하기 위해 준비하고 정리하는 동안 학습 내용을 익히듯이 환자도 자기 얘기를 듣고자 하는 치유자에게 그 얘기를 하면서 자기 자신의 얘기를 익힙니다. 치유자는 고통받고 있는 낯선 방문자의 애기를 참을성 있고 신중하게 들어주는 주인입니다. 환자는 자기에게 머물 장소를 내주는 사람에게 자기 얘기를 하면서 자아를 새롭게 발견하는 손님입니다. 자기 얘기를 하는 중에 손님은 주인과 친구가 될 뿐만 아니라 자신의 과거와도 친구가 됩니다.

그러므로 치유란 주인이 손님의 이야기를 받아주고 충분히 이해해주는 것을 통해서 낯선 방문객이 주인의 시각으로 자기 나름의 독특한 길을 찾아낼 수 있도록 해주는 것입니다. 그 길은 지금의 자신이 되기까지 거쳐왔던 길이며 앞으로 가야 할 방향을 제시해주는 길입니다. 그 이야기는 하기 어려울 수도 있습니다. 수많은 실망과 좌절의 순간들, 어긋남과 침체의 순간들로 이어져 있기 때문입니다. 하지만 그 이야기는 그 자신만의 이야기이고 또 과거를 털어놓고 받아주고 올바로 이해해주지 않을 때에는 미래에 대한 소망은 있을 수 없기 때문에 그것은 낯선 이가 갖고 있는 단 하나의 이야기입니다. 너무나 많은 경우 우리를 움츠러들게 하는 것은 자기 나름의 역사 속에 감추어놓은 여러 순간들에 대한 두려움입니다.

치유자로서 우리는 동정 어린 마음을 가지고 동료들이 털어놓는 이야기를 받아들여야 합니다. 판단하거나 정죄하지 않고, 그 방문객의 이야기가 우리의 이야기와 어떤 연관성을 갖는지 깨닫는 마음으로 받아들여야 합니다. 우리는 안전선을 제시하여 그 범위 내에서 가슴 아픈 과거를 내비치고 새로운 삶에 대한 탐구를 시작할 수 있게 해야 합니다. 치유자로서 우리가 제기해야 하는 가장 중요한 질문은 “무엇을 말하고 행해야 하나?”가 아니라 “그 이야기를 받아들일 수 있는 내면의 자리를 어떻게 계발할 것인가?”입니다. 치유하는 일은 친밀한 빈 공간을 낯선 손님에게 마련하여 베풀어주는, 보잘것없으면서도 아주 어려운 일입니다. 그 공간에서 손님은 자신의 아픔과 고통을 두려움 없이 되돌아보며, 혼란스러움의 한가운데에서 새로운 길을 찾을 수 있는 자신감을 얻습니다.

그렇지만 전문적인 훈련을 받은 치유자가 덜 중요하다는 뜻은 결코 아닙니다. 오히려 정반대입니다. 좋은 주인, 신중하게 귀를 기울이는 사람이란 전문적인 도움이 언제 필요한지를 이미 깨달은 사람을 말합니다. 사실 많은 전문가들은, 동정 어린 마음으로 고통 가운데 있는 이웃의 말에 귀기울이고 그들에게 특별한 도움이 필요하다는 것을 깨닫고는 그들의 상처가 더 악화되기 전에 자기들에게 소개해주는 사람을 아주 고맙게 생각할 것입니다. 다른 한편으로 그리스도인 공동체 내에서 모든 성원들이 신중하게 주의를 기울이는 분위기를 전반적으로 조성한다면 어떤 사람이 가진 상처는 특별한 보살핌이 필요한 상태로 악화되기 전에 미리 치료될 수 있습니다.

수용과 대립 사이에서 조심스런 균형 맞추기

부모와 자녀로서, 교사와 학생으로서, 치유자와 환자로서, 우리 모두는 다양한 방식으로 상대방에게 발돋움합니다. 하지만 이 세 가지 유형의 관계 속에 드러난 따뜻한 환대의 개념을 통해서 상대방을 소유하도록 부르심을 입은 것이 아니라 서로를 섬기고 또 그런 자리를 마련해주도록 부르심을 입었다는 사실을 알 수 있습니다. 따뜻한 환대의 안목으로 세 가지 관계를 논하는 동안 우리는 받아들이는 자세에 강조를 두었습니다. 사실 우리는 낯선 손님이 자신의 선물을 드러내고 우리의 친구가 될 수 있는 자유롭고 친밀한 공간으로 그를 받아들여야 합니다. 상대방을 받아들이는 자세 없이 그들에게 발돋움하면 그들에게 도움을 주기는커녕 오히려 상처를 주며, 그들을 속이거나 심지어는 생각과 말과 행동의 폭력을 가하는 결과를 낳기 쉽습니다.

참으로 정직한 수용이란 방문객을 우리의 조건이 아닌 그들의 조건에서 우리의 세계로 끌어들이는 것을 말합니다. "당신이 만일 내가 생각하듯이 믿고 생각하고, 또 내가 행동하듯이 행동하면 내 손님이 될 수 있습니다"라고 한다면 조건을 둔 사랑, 혹은 대가를 바라는 사랑을 주는 것입니다. 이것은 결국 쉽사리 남을 이기적으로 이용하는 것이 됩니다. 즉, 환대를 사업으로 만들어버리는 것이 됩니다.

우리가 사는 세상에는 서로 다른 종교적 신념과 이데올로기와 생활 방식들이 서로 대립하는 경향이 점점 더 심해지고 있습니다. 그 때문에 동료를 받아들이되 사랑과 우정과 보살핌의 조건으로 우리의 종교적 관점이나 이데올로기, 행동 양식을 강요하지 않는 것이 중요합니다. 그것이 바로 그리스도인의 영성의 본질 중 하나입니다.

관점의 차이나 태도의 차이를 멀리서 찾을 필요가 없습니다. 자녀나 학생이나 환자가 우리와는 다른 이데올로기를 갖고 있는 이방인이 되어버린 경우도 많습니다. 우리가 최소한 그들의 마음을 돌려보려고 하지 않거나 그들을 우리 편으로 끌어오려고 하지 않는다면 우리는 때때로 죄책감을 느낍니다. 그런데 사실 그래 보았자 의혹과 분노를 일으키고 평화롭게 함께 사는 것을 더 힘들게 만들어놓았다는 사실을 깨닫게 될 뿐입니다.

하지만 따뜻한 환대에는 수용의 측면만 있는 것이 아닙니다. 똑같이 중요한 대립이라는 면이 있습니다. 방문객을 받아들이는 태도를 취한다는 말에는 우리가 중립적인 '아무런 주관이 없는 사람'이 되어야 한다는 뜻은 전혀 없습니다. 참된 수용에는 대립이 있어야 합니다. 왜냐하면 분명한 선이 그어 있는 자리만이 따뜻하게 받아들이는 자리가 될 수 있으며 경계선은 우리 자신의 위치를 정하는 한계선이 되기 때문입니다. 융통성 있는 한계이긴 하지만 분명 선은 선입니다. 대립은 주인이 손님을 경계선 안에서 분명하게 대할 때 생깁니다. 그 경계선을 통해 주인은 스스로를 방위의 점으로 또 준거틀로 제시합니다. 집을 손님에게 맡기고 손님에게 마음대로 쓰게 하는 것은 따뜻하게 환대하는 자세가 아닙니다. 빈 집은 따뜻한 집이 아닙니다. 사실 그런 집은 곧 방문객을 불편하게 만드는 유령의 집이 됩니다. 손님은 두려움을 벗어버리기는커녕 다락이나 지하실에서 들려오는 조그만 소리에도 의심하고 불안에 떨게 됩니다.

우리가 진정으로 손님을 따뜻하게 맞이하고자 한다면 우리는 방문객을 받아들일 뿐만 아니라 애매모호한 자세로 중립성의 뒤에 숨지 말고 우리의 생각과 의견과 생활 방식을 분명하고도 명료하게 드러냄으로써 그들과 대립해야 합니다. 자기 주관이 있는 사람과 자기 신념이 없는 사람 사이에 진정한 대화란 있을 수 없습니다. 우리 나름의 삶의 선택과 태도와 관점이 경계선이 되어서 그 경계선에 자극을 받아 방문객이 자신의 입장에 대해서 의식하게 되고 그 입장을 비판적으로 탐구하게 될 때에만 우리는 대화할 수 있습니다.

지극히 공격적이고 조작적이며 많은 경우는 천박하기조차 한 복음전도 방식에 대한 반발로 우리는 자신의 종교적 신념을 밝히는 데 주저하기도 했으며 따라서 전도에 대한 감각을 잃어버렸습니다. 때로는 다른 사람을 전도하는 것보다는 우리 자신의 의무를 보다 충실히 하는 것이 더 나을 때도 있긴 하지만, 복음을 가지고 다른 사람에게 발돋움하는 것과 "우리가 들은 바요 눈으로 본 바요 주목하고 우리 손으로 만진 바"(요일 1:1)에 대해 어색해 하지 않으면서 말하는 것은 그리스도인 영성의 핵심적인 부분입니다.

수용과 대립은 그리스도인의 전도에서 떼려야 뗄 수 없는 두 가지 요소입니다. 이 둘은 조심스럽게 균형을 맞추어야 합니다. 대립이 없는 수용은 어느 누구도 섬기지 못하는 상냥한 중립성이 되고, 수용이 없는 대립은 모든 사람에게 상처를 주는 무서운 공격성이 됩니다. 수용과 대립 사이의 조화는 우리가 어떤 위치에 있느냐에 따라 여러 부분에서 발견됩니다. 하지만 삶의 모든 상황에서 우리는 받아들여야 할 뿐만 아니라 맞부딪쳐야 합니다.

중요한 것은, 대립에는 '언성을 높이며 이야기하는 것' 이상의 뜻이 담겨 있다는 점입니다. 말이 대립의 가장 중요한 형태로 나타나는 경우는 별로 없습니다. 말 한 마디 하지 않고도 의사 소통을 할 때가 많습니다.

> 내 방에 처음 온 사람들은 주위를 둘러보고 나서 가구나 그림에 대해 말하고 또 책장에 놓인 대부분의 책에 대해서 말한다. 그 모습을 바라보노라면 언제나 흥미진진하다. 어떤 사람은 벽에 십자가가 걸려 있다는 것을 눈치 채기도 하고 또 인디언의 탈에 대해서 한마디 하는 사람도 있다. 어떤 사람은 프로이트와 마르크스의 저서와 성경이 어떻게 한 책꽂이에 나란히 꽂혀 있을 수 있는지를 묻는다. 하지만 사람들은 모두 그 장소에 대해 어떤 느낌을 얻고자 애쓴다. 마치 내가 다른 사람의 자리에 처음 갔을 때 그러하듯이….

살다 보면 우리 인생의 벽에는 세계적인 사건, 가정사, 개인적인 사건 등 많은 사건들이 그에 대한 우리의 반응들과 함께 표시됩니다. 이런 표시들은 자기 나름의 언어로 말을 하며 많은 경우는 대화로 이끕니다. 이 대화는 마음 속에서만 끝날 때도 있지만 어떤 때는 말이나 행동으로 표현되기도 합니다. 바로 그런 상황에서 우리는 서로를 향해 발돋움합니다. 또 부모와 자녀와 교사와 선생과 치유자와 환자를 비롯한 모든 사람이 살아가면서 자기의 인생 행로에서 만나 서로를 향해 말을 건네고 같은 목적지를 향해 가는 커다란 공동체의 일원으로 상대방을 보기 시작하는 것도 바로 이런 상황에서입니다.

Reaching Out 6

따뜻한 환대와 주인

따뜻한 환대에는 생각의 가난과 마음의 가난이 있어야 합니다.
섬김을 위한 훈련은 부유해지려는 것이 아니라 자원해서
가난해지려는 것이며, 자신을 비우려는 어렵고도
고통스런 과정이 따라야 합니다.

손님에게 자유로운 자리 마련해주기

적대감에서 따뜻한 환대로 향하는 움직임은 외로움에서 고독으로 향하는 움직임과 끊임없이 내적인 관계를 가지지 않으면 느낄 수 없습니다. 외로움을 느끼는 한 따뜻하게 환대하는 자세를 보일 수 없습니다. 외로운 사람은 자유로운 공간을 마련해줄 수 없기 때문입니다. 내면의 외로움에서 나오는 내적인 갈망을 잠재우려는 우리 자신의 욕구 때문에 상대방을 위해 자리를 마련해주는 대신 그들에게 집착하게 됩니다.

한 학생이 해준 얘기가 지금도 생생하게 기억이 난다. 그 학생은 대학에서 공부하는 동안 어떤 집에 와서 묵으라는 초대를 받았다. 몇 주일이 지난 후 그 학생은 자신이 무척 자유롭지 못하다는 사실과 자신이 그 주인 내외가 겪는 처절한 외로움의 희생자가 되고 있다는 사실을 서서히 알게 되었다. 그 내외는 서로에게 낯선 사람이 되어버린 지 오래였으며, 사랑받고 싶은 자신들의 커다란 욕구를 집에 온 손님을 통해서 충족시키려 하였다. 그들은 자신들이 상대방에게 해주지 못했던 그 사랑과 친밀함을 집에 온 손님이 베풀 것이라는 바람을 가지고서 그 방문객에게 매달렸다. 그래서 그 학생은 이루어지지 못한 욕구와 바람의 그물에 걸려들게 되었으며 자기가 외로움의 벽 속에 갇혀 있다는 사실을 알게 되었다. 그는 외로운 두 부부 가운데 한 사람을 선택해야 하는 고통스런 긴장감을 느꼈으며, "당신은 그 사람을 지지하는가 나를 지지하는가?" "당신은 내 편인가 그 사람 편인가?" 하는 등의 잔인한 질문 때문에 어찌할 바를 몰랐다. 그는 더 이상 자기가 하고 싶은 대로 움직이지 못함을 느꼈다. 그래서 그는 점차 공부에 집중할 수도 없었고 주인 내외가 구걸하고 있는 도움을 줄 수도 없었다. 그는 떠날 수 있는 내면의 자유마저도 잃어버렸다.

이 이야기는 우리 삶 속에 고독이 없을 때 방문객에게 자유로운 자리를 마련해주기란 아주 어렵다는 점을 구체적으로 드러냅니다. 참으로 편안하다고 느꼈던 장소를 되돌아 생각해보면 그런 장소는 바로 주인이 우리에게, 우리 식으로 오고 갈 수 있도록 자유를 주고 자기들의 욕구를 위해 우리를 이용하지 않았던 곳이라는 점을 쉽게 알 수 있습니다. 자유가 있는 자리에서만 재창조가 일어날 수 있으며 새로운 삶을 발견할 수 있습니다. 진정한 주인은 두려움을 느끼지 않아도 되는 자리와 자신의 내면의 소리에 귀기울이고 인간이 되는 자기 나름의 방법을 모색할 수 있는 자리를 주는 사람입니다. 하지만 이런 주인이 되기 위해서는 무엇보다도 자기 집에서 편안함을 느껴야 합니다.

가난이 훌륭한 주인을 만든다

외로움이 고독으로 바뀌어진 정도만큼 우리는 적대감에서 따뜻한 환대로 움직일 수 있습니다. 그 순서는 의문의 여지가 없다는 게 분명합니다. 내면 삶의 복잡하고 미묘한 움직임을 명확하게 나눌 수는 없지만 외로움이 종종 적대적인 행동으로 나타난다는 점과 고독이 따뜻한 환대의 토대라는 점은 여전히 사실입니다.

외로움을 느끼면 우리는 사랑과 애정을 받고 싶은 욕구를 갖게 된 나머지 주위의 많은 증표에 지나치게 민감해져서 우리를 거절한다고 여겨지는 모든 사람에게 쉽사리 적대적인 태도를 취하게 됩니다. 하지만 일단 우리가 마음 속에서 삶의 중심을 발견하고 고독을 운명이 아닌 소명으로 받아들이고 나면 우리는 상대방에게 자유를 줄 수 있습니다. 일단 우리가 온전히 충족되고자 하는 욕구를 포기하면 우리는 상대방에게 비어 있을 여지를 줄 수 있습니다.

가난에 처하게 되면 훌륭한 주인이 될 수 있습니다. 가난이 좋은 주인으로 만들어준다는 사실은 따뜻한 환대가 갖는 역설입니다. 가난은 방어 태세를 풀게 하고 원수를 친구로 바뀌게 해주는 내면의 경향입니다. 무언가 지킬 것이 있는 한 방문객을 적대자로 여길 수밖에 없습니다. 하지만 "제 집으로 들어오세요. 제 집은 당신의 집이고 제 기쁨은 당신의 기쁨이고 제 슬픔은 당신의 슬픔이며 제 삶은 당신의 삶입니다"라고 말할 때 우리가 지켜야 할 것이라고는 하나도 없습니다. 우리에게는 잃어버릴 것이 아무것도 없고 단지 주어야 할 것만 있기 때문입니다.

다른 뺨을 돌려대라는 말은 불안한 마음으로 사유 재산에 집착할 때에만 그들이 적이 될 수 있다는 점을 적들에게 보여주라는 의미입니다. 우리의 재산이 지식이든 명성이든, 땅이든 돈이든, 또 우리 주위에 모아놓은 많은 그 어떤 것이든 간에 말입니다. 훔치고 싶은 모든 것이 다 자기에게 선물로 주어진다면 누가 남의 것을 훔치는 도둑이 되겠습니까? 진실만이 자기에게 유익을 준다면 누가 거짓말을 하겠습니까? 앞문이 활짝 열려 있는데 누가 뒷문으로 슬금슬금 들어오려고 하겠습니까?

가난은 훌륭한 주인을 만듭니다. 이 역설적인 진술에 대해서는 얼마간 설명을 더 할 것입니다. 자유함 안에서 상대방에게 다가갈 수 있기 위해서는 두 가지 형태의 가난이 아주 중요합니다. 생각의 가난과 마음의 가난이 그것입니다.

생각의 가난

사상과 개념과 견해와 신념으로 가득 찬 사람은 좋은 주인이 될 수 없습니다. 그 사람에게는 귀기울일 수 있는 내면의 자리와 상대방의 선물을 발견할 수 있는 열린 마음이 없기 때문입니다. '모든 것을 알고 있는' 사람이 대화를 가로막고 서로 생각을 주고받을 수 없게 하는 예를 주위에서 심심찮게 볼 수 있습니다. 영적인 마음가짐인 생각의 가난이란 인생의 신비를 이해할 수 없다는 점을 점점 인정해가는 자세입니다. 성숙할수록 삶의 충만한 내용을 파악하고 이해하고 깨달으려는 성향을 포기할 수 있을 것이며 삶이 우리 안으로 들어오기 위한 채비를 갖추게 될 것입니다.

성직을 감당하려고 준비하는 과정은 하나의 좋은 본보기가 될 것입니다. 섬김을 준비하기 위해 배움을 통해 터득한 확실한 무지인 독타 이그노란티아docta ignorantia를 익힐 각오를 합니다. 세계를 부리고 다스리려고 단단히 마음먹은 사람이 이것을 받아들이기란 매우 어렵습니다. 우리 모두는 많은 교육을 받아서 자기 마음대로 상황을 통제하고 자기가 바라는 대로 사물을 움직일 수 있기를 바랍니다. 하지만 성직자가 되기 위한 교육은 하나님을 부리기 위한 교육이 아니라 하나님의 부림을 받기 위한 교육입니다.

남아프리카 출신인 서른 살의 한 감리교 목사가 해주었던 교육에 대한 이야기가 기억난다. 그가 성직자로 부르심을 받았다고 느끼고 교회가 이를 인정했을 때 아무런 정식 신학 훈련도

> 받지 않은 상태에서 한 교구의 부목사로 발령을 받았다. 하지만 그는 자신의 통찰과 경험을 매우 확신했고 열정과 열심도 대단했기 때문에 아무 문제 없이 긴 설교를 하거나 설득력 있는 강의를 했다. 하지만 2년 뒤에 다시 소환되어 신학교육을 받기 위해 신학교에 갔다. 신학교에서 지냈던 시절을 회상하면서 그는 이렇게 말했다. "그 몇 해 동안 나는 많은 신학자들과 철학자, 소설가들의 책을 읽었죠. 전에는 모든 것이 명쾌하고 자명했는데 그때 나는 내가 확신했던 모든 것들을 잃어버렸고 많은 의문을 가지게 되었습니다. 나 자신과 내가 믿는 진리에 대해서 훨씬 덜 확신하게 되었죠." 어떤 의미에서 그가 훈련받은 시간은 지식을 익히는 시간이 아니라 기존의 지식을 버리는 기간이었으며, 성직으로 돌아왔을 때 그는 말하는 대신 많은 것을 듣고자 하였다.

이 이야기는 빈틈없이 교육을 잘 받은 성직자란 어떤 사람인가에 대해서 말해줍니다. 그들은 하나님이 어떤 분이시고, 선과 악이 어떤 위치에 있으며, 어떻게 이 세상에서 저 세상으로 가는가를 정확하게 말해줄 수 있는 사람들이 아니라 자신이 분명 무지하다는 사실을 깨닫고 하나님의 음성을 마음껏 들을 수 있는 사람입니다. 사람들이 하는 말 속에서, 그날의 여러 사건 속에서, 또 다른 시간과 공간에 존재하는 사람들의 경험을 담고 있는 여러 책 속에서 들려오는 하나님의 음성을 마음껏 들을 수 있는 사람입니다. 간

추려 말하자면 배움을 통해 터득한 사람은 다른 이들이 하는 말과 그 상대방을 정말로 주의깊게 받아들이게 됩니다. 그것이 생각의 가난입니다. 그러기 위해서는 어떤 개념이나 이론, 자료, 사건을 하나님과 동일시하지 않도록 한시도 쉬지 않고 노력해야 합니다. 그렇게 되면 광신적인 교파주의나 열성가가 되지 않고, 반면에 온유함과 받아들이는 자세 속에서 계속 자라갈 수 있습니다.

성직에 적용되는 것은 사람이 하는 다른 봉사 활동에도 적용됩니다. 우리가 일상적인 삶을 볼 때나 또 정신과 의사와 심리학자와 사회복지사와 상담자의 일을 살펴볼 때, 우리는 그들의 기술 중 매우 많은 부분이, 기구를 가지고 하든 아니든 간에 주의깊게 들어주는 것과 환자의 말을 도중에 가로막지 않으려고 끊임없이 관심을 쓰는 일로 이루어져 있다는 것을 알 수 있습니다.

전문가들은 자발적인 생각의 가난을 통해 자신들에게 도움을 구하는 환자들로부터 얻게 되는 새로운 지식과 통찰을 끊임없이 받아들이도록 마음을 열게 됩니다. 그렇지만 이 말은 아주 구체적이고도 눈에 보이는 도움이 중요하다는 점과 수백만의 사람들이 겪는 기아와 갈증, 입을 것과 잘 곳의 부족을 덜어주기 위해 새로운 기구들이 절박하게 필요하다는 사실을 부정하는 것이 결코 아닙니다. 사실은 정반대입니다. 우리가 받아들이는 마음과 감사하는 마음으로 가난한 이들을 위해 일하면 사람들은 수치심을 느끼지 않고 우리의 도움을 받아들일 수 있습니다. 물질적, 정신적, 영적인 결핍 가운데 있는 많은 사람들은 도움을 받아들여 거지나 종의 상태로 전락하는 것보다는 차라리 도움을 거절하고 자존심을 지키는 편이 낫다는 점을 점점 더 분명히 밝히고 있습니다.

마음의 가난

훌륭한 주인은 생각이 가난해야 할 뿐만 아니라 마음도 가난해야 합니다. 우리 마음이 선입견과 걱정, 시기로 가득 차 있으면 방문객을 위한 자리는 조금밖에 남지 않게 됩니다. 무서운 환경 속에서는 폭넓은 인간 경험을 향해 마음을 열기가 어렵습니다. 하지만 정말 따뜻한 환대는 배타적이지 않고 포용하며 다채로운 인간 경험을 위한 자리를 마련해줍니다.

이런 가난의 가치를 보여주는 본보기로 이번에도 성직을 들 수 있습니다. 어떤 특정한 종교적 체험을 통해 하나님께 이르는 길을 찾게 되었다고 주장하는 사람들이 많이 있습니다. 종종 그 체험은 아주 강렬한 것이어서 이런 사람은 자기가 찾은 길이 반드시 유일한 길일 필요는 없다는 점을 더 이상 깨닫지 못합니다. 하나님을 어떤 특정한 사상이나 개념, 견해, 신념 속에 '잡아두거나' 그 속에 '담을 수' 없듯이 하나님을 어떤 특정한 느낌이나 감정으로 한정할 수도 없습니다.

이웃을 향한 사랑의 선한 감정이나, 마음 속에서 일어난 달콤한 감정, 황홀감, 몸의 움직임, 뱀을 마음대로 다루는 것을 하나님과 동일시할 수는 없습니다. 하나님은 단순히 우리의 선한 경향, 열정, 너그러움, 사랑이 아닙니다. 이런 모든 체험들을 통해서 하나님의 임재를 되새겨볼 수는 있습니다. 그러나 그런 체험이 없다고 해서 하나님의 부재가 증명되는 것은 아닙니다. 하나님은 우리의 지성보다 크신 분일 뿐만 아니라 우리의 가슴보다도 크신 분이시기에 우리는 하나님을 우리의 좁은 개념에 맞추려는 유혹을 피해야 합니다. 하나님을 우리의 사소한 느낌들에 맞추려고 해서도 안 됩니다.

성직뿐만 아니라 다른 이를 돕는 그 외의 모든 직업에서도 우리가 끊임없이 되새겨보아야 하는 것은 잔뜩 우쭐해진 마음은 우쭐해진 지성만큼이나 위험스럽다는 점입니다. 우쭐한 마음은 우리를 완고하게 만들 수 있습니다. 하지만 자신이 조금 경험한 바를 다른 이들에게 다가가는 잣대로 삼는 것을 우리가 기꺼이 그만둔다면 인생과 역사는 내가 생각한 것보다 훨씬 더 위대하다는 점, 우리가 경험한 것보다 더 큰 체험이 있다는 것, 하나님은 내가 아는 하나님보다 더 크신 분이라는 점을 깨달을 수 있을 것입니다.

훌륭한 주인을 만들어주는 것은 마음의 가난입니다. 마음이 가난하기에 다른 사람의 체험을 우리에게 주는 선물로 받아들일 수 있습니다. 그들이 살아온 역사는 우리의 역사와 창조적으로 연결되며 그들의 삶은 우리의 삶에 새로운 의미를 주고 그들이 느끼는 하나님은 우리가 느끼는 하나님에게 서로를 드러내면서 대화합니다.

요하네스 메츠Johannes Metz는 이런 경향을 잘 표현하고 있는데 그는 이렇게 쓰고 있습니다.

> 상대방이 우리에게 다가오게 하기 위해서는 우리 자신을 잊어야 한다. 그의 독특한 개성이 드러날 수 있도록 하기 위해서는 그에게 마음을 열어놓을 수 있어야 한다. 설사 그것이 우리에게 두려움과 불쾌감을 가져다줄지라도 그렇게 해야 한다. 우리는 많은 경우 상대방을 내리누르며 우리가 보고자 하는 것만 본다. 그렇게 되면 우리는 상대방의 존재에 감춰져 있는 신비한 비밀과 진정으로 만날 수 없으며 오로지 우리 자신만을 만날 뿐이다. 만남으로 인한 가난을 무릅쓰려고 하지 않기 때문에 우리는 새로운 형태의 자기 주장에 빠져버리며 거기에 대한 대가를 지불한다. 그 대가란 외로움이다. 자기를 열어놓음으로써 얻게 되는 가난을 무릅쓰려고 하지 않았기에(마 10:39) 우리의 삶은 인간 존재의 포근한 충만함으로 빛나지 않는 것이다. 우리는 진짜 자신의 그림자만 안고 사는 것이다.[1]

마음의 가난은 자기 만족감에 속한 것이 아니라 삶의 신비를 드러내 보여주는 창조적인 상호 의존감에 속한 것이기에 공동체를 만들어냅니다.

자기의 연약함을 자랑함

지금까지 살펴본 것처럼 따뜻한 환대에는 생각의 가난과 마음의 가난이 있어야 합니다. 이 사실 덕분에 따뜻한 환대를 위한 '훈련'의 중요성을 이해할 수 있을지도 모르겠습니다. 여러 형태의 섬김을 위해 사람들을 준비시키는 프로그램은 많이 있습니다. 하지만 이런 프로그램들을 자발적인 가난을 익히기 위한 훈련으로 보는 경우는 별로 없습니다. 대신 더 잘 준비되고 솜씨 있는 사람이 되고자 합니다. 다시 말해 '직업에 필요한 도구'를 얻으려고 합니다. 하지만 섬김을 위한 참된 훈련에는 자신을 비우는 어렵고도 고통스런 과정이 따릅니다.

섬김의 주된 문제는 '길을 가로막지' 않으면서 길이 되어주는 것입니다. 만약 우리가 익혀야 하는 어떤 도구나 기술이나 솜씨가 있다면 그것은 무엇보다도 땅을 갈아주고 잡초를 뽑아 없애고 가지를 가지런히 쳐주는 것입니다. 그렇게 해서 참된 성숙과 발전을 위해 장애물을 치워주는 것입니다. 섬김을 위한 훈련은 부유해지기 위한 훈련이 아니라 자원해서 가난해지려는 훈련입니다. 그리고 자신을 만족시키는 것이 아니라 자신을 비우려는 훈련이며, 하나님을 이기려는 것이 아니라 하나님의 구원의 능력에 자신을 맡기는 훈련입니다.

능력과 영향력을 중요하게 평가하는 이 시대에 이 모든 것을 받아들이기란 무척 어렵습니다. 우리에게 자랑할 것이 있다면, 자신의 약함을 자랑해야 한다고 부르짖는 목소리들이 이 세상에 조금이라도 남아 있다는 점입니다. 우리는 스스로 쓸모없어지는 것을 통해 유익하게 쓰여집니다. 무능력해짐을 통해 능력을 얻습니다.

실로 기독교 복음의 핵심이라고 할 수 있는 것은 하나님께서는 자신의 전지전능하시고 무소부재하신 능력 가운데서 우리가 감히 범접할 수 없는 강력한 타인으로 자신을 계시하지 않으셨다는 사실입니다. 그 대신 하나님은 예수 그리스도 안에서 우리에게 오셨으며, 예수님은 "하나님과 동등됨을 취할 것으로 여기지 아니하시고 오히려 자기를 비워 … 사람들과 같이 되었고 사람의 모양으로 나타나셨으매 자기를 낮추시고 죽기까지 복종하셨으니 곧 십자가에 죽으신" 분이십니다(빌 2:6-8 참조).

우리에게 영적인 삶의 움직임을 보여주신 분은 하나님이십니다. 영적인 삶의 움직임은 연약한 데서 능력 있는 데로 향하는 움직임이 아닙니다. 그 움직임은 오히려 우리가 두려움을 점점 덜 느끼고 방어 태세를 풀게 되는 것입니다. 그리고 다른 사람과 그 사람의 세계에 대해서는 그것이 설사 우리를 고난과 죽음으로 이끈다 해도 외로움에서 고독으로 향하는 움직임을 통해 자신의 내면의 자아에게 발돋움하는 한편, 적대감에서 따뜻한 환대로 향하는 움직임을 통해 이웃을 향해 발돋움할 수 있습니다.

따뜻한 환대라는 말을 쓴 것은 동료와 맺는 성숙한 그리스도인 관계의 특성을 좀 더 잘 깨달을 수 있게 하기 위해서였습니다. 자리를 마련해주는 것, 수용과 대립, 생각과 마음의 가난이라는 말을 쓴 것은 그리스도인의 영성이 일상적인 삶의 현실에 뿌리박고 있을 뿐만 아니라 하나님의 선물을 의지함으로써 그 현실을 뛰어넘기도 한다는 점을 보여주고자 함이었습니다. 돕고 섬기고 돌보고 인도하고 치유를 베푼다는 말은 모두 이웃을 향한 발돋움을 표현하기 위해 쓴 것으로, 이를 통해 삶이란 우리가 소유해야 할 선물이 아니라 함께 나누어야 할 선물이라고 여기도록 하기 위해서였습니다.

이것은 마침내 영적인 삶의 가장 중요하고도 어려운 관계, 즉 모든 것을 주시는 하나님과 우리의 관계로 이끕니다. 사실 외로움에서 고독으로, 또 적대감에서 따뜻한 환대로 점점 바뀌면서 하나님에 대해서 이미 언급을 했습니다. 그리고 지금까지는, 어떻게 자기 내면의 자아와 동료에게 발돋움할 수 있는가 하는 문제를 강조했습니다. 그렇다면 우리는 과연 우리의 삶과 이웃의 삶의 근원이시며 생명을 주신 분에게 어떻게 발돋움할 수 있을까요? 할 수 없다는 대답이 나온다면 고독과 따뜻한 환대란, 말로 떠벌이기에 좋은 모호한 이상理想이긴 하지만 매일의 삶에는 적용할 수 없는 비실제적인 것밖에는 안 됩니다. 그러므로 환상에서 기도로 향하는 움직임은 이제까지 얘기한 모든 것을 뒷받침하는, 영적인 삶의 가장 중요한 움직임입니다.

3부

하나님을 향한 발돋움

세번째 움직임
환상에서 기도로

환상에서 기도로 향하는 움직임은 외로움에서 고독으로 향하는 움직임과 또 적대감에서 따뜻한 환대로 향하는 움직임을 뒷받침하고 그 움직임을 가능하게 하며 또 우리를 영적인 삶의 핵심으로 이끕니다.

Reaching Out 7

기도와 인간의 유한성

기도는 우리 안에서 하나님께서 호흡하시는 것이며, 이를 통해
우리는 하나님과 내적인 생명으로 친교를 나누게 됩니다.
또 이를 통해 우리는 거듭날 수 있습니다.

영적인 삶의 핵심이 되는 발돋움

일상적인 경험에 비추어볼 때 외로움과 적대감은 쉽게 깨달을 수 있는 반면, 우리가 얻으려고 애쓰는 많은 것들이 환상이라는 점을 깨닫기란 어렵습니다. 그렇지만 존재에 대한 환상을 벗겨내려고 끊임없이 노력하는 가운데서만 진정한 영적인 삶이 가능합니다. 지독한 외로움을 고요한 고독으로 바꾸고 낯선 방문객이 편안히 묵을 수 있는 두려움 없는 자리를 마련하기 위해서는 연약하고 유한한 자기의 존재를 넘어서서, 모든 생명이 그 안에 닻을 내리고 있는 사랑의 하나님을 향해 기꺼이 발돋움하려는 자원하는 마음과

용기가 있어야 합니다. 고독의 고요함을 통해 사람들이 떠드는 소리 너머에서 들려오는 새로운 소리에 민감해지지 않는다면 그것은 죽은 고요함에 불과합니다. 아무도 순례의 여행을 떠나지 않는다면 따뜻한 환대는 사람들로 붐비는 집이 되고 말 것입니다.

고독과 따뜻한 환대는 그것에 생명력을 주는 더 넓고 깊고 높은 실재와 연결될 때에만 지속성 있는 열매를 맺을 수 있습니다. 이 실재는 앞서 영적인 삶의 두 움직임을 설명할 때 이미 전제가 되었으며 지금까지 조금씩 다룬 바 있습니다. 하지만 그 두 움직임을 '먼저 설명한 것'은 그것들이 더 쉽게 눈에 띄고 쉽게 확인할 수 있기 때문이지 두 움직임이 더 중요하기 때문은 아닙니다. 사실 그 두 움직임은 영적인 삶의 가장 바탕이 되는 움직임인 환상에서 기도로 향하는 움직임에 뿌리를 박고 있기 때문에 우리가 설명하고 생각해볼 수 있었던 것입니다.

우리는 이 움직임을 통해, 영원히 실재하시고 자신으로부터 모든 실재를 나오게 하시는 하나님께로 발돋움합니다. 그러므로 환상에서 기도로 향하는 움직임은 외로움에서 고독으로 향하는 움직임과 또 적대감에서 따뜻한 환대로 향하는 움직임을 뒷받침하고 그 움직임을 가능하게 하며 또 우리를 영적인 삶의 핵심으로 이끕니다.

이 '처음이자 마지막' 움직임은 영적인 삶의 중심이 되는 것이기에 그것을 접촉하고 파악하고 이해하기란 매우 어렵습니다. 심지어 거기에 손가락을 대기조차 어렵습니다. 이 움직임이 모호하고 비실재적이기 때문이 아니라 이 움직임이 너무나 우리와 가까이 있어 우리가 그것을 분명하게 표현하고 인식하는 데 필요한 거리를 두기가 힘들기 때문입니다. 삶의 가장 심오한 실재들을 아주 쉽게 하찮은 것으로 치부해버리는 이유도 바로 그 때문일 것입니다.

하나님에 대한 뜨거운 사랑으로 침묵과 고독 속에서 기도하면서 평생을 보내온 수도사들과 인터뷰한 내용이 신문에 실리는 경우 그런 기사는 대개 예전과는 달라진 수도원 규정이나 특이한 관습을 다루는 우스꽝스러운 이야기가 되어버리고 맙니다. 사랑과 결혼과 성직과 삶의 기본 결단의 '이유'에 대한 질문들을 대개 의미 없는 상투적인 말로 받거나, 대부분 더듬거리며 장황한 이야기를 늘어놓거나 어깨를 으쓱이는 제스처로 대답하고 맙니다. 이런 물음이 중요하지 않기 때문이 아니라 그들의 대답이 우리 내면의 존재와 너무 가까이 있어서 인간의 말로서는 표현할 수 없기 때문입니다.

이 점에 대해서는 줄타기 곡예사 필립페 프티Philippe Petit에게서 무언가를 배울 수 있을 것 같다. 그는 동료들과 함께 쌍둥이 건물인 뉴욕의 세계무역센터 건물 한쪽에서 다른쪽 건물 옥상으로 걸쳐놓은 줄 위를 걸은 죄로 경찰에 체포된 다음에 정신 진단을 받기 위해 시립병원으로 보내졌다. 필립페 프티가 정상이며 온전하다는 것이 밝혀지자 경찰은 이렇게 질문했다.

"그런데 어째서… 무엇 때문에 생명을 내걸고 뉴욕 시에서 가장 높은 두 건물에서 줄타기를 했죠?" 필립페 프티는 처음에는 그 질문에 다소 어리둥절해 하다가 이렇게 대답했다. "그러니까 … 오렌지 세 개가 보이면 던지기 곡예를 하고 또 건물 옥탑 두 개를 보면 줄타기를 하는 게 내겐 지극히 자연스러운 일이오."[1]

이 대답이 모든 것을 말해준다. 너무나 분명하고 친숙한 것은 설명이 필요없다. 어린아이에게 왜 공을 갖고 노는지 물어보는 사람이 있는가? 줄타기 곡예사에게 왜 줄을 타는지를 물어보는 사람이 있는가? 그리고 누가 사랑에 빠진 사람에게 왜 사랑하냐고 물어보는가?

자기에게 가장 친숙한 것을 표현하고 설명하기란 가장 어렵습니다. 이 말은 연인들과 예술가, 줄타는 사람에게만 적용되는 것이 아니라 기도하는 사람에게도 해당됩니다. 기도는 가장 친밀한 관계의 표현이면서도 가장 말로 표현하기 힘든 주제이며 또 쉽사리 진부하고 시시한 주제가 되어버립니다. 인간의 모든 활동 중에서 가장 인간적임에도 불구하고 사람들은 기도를 아주 쓸데없고 미신적인 행동이라고 쉽게 생각합니다.

그렇지만 기도에 대해서 계속 얘기해야만 합니다. 마치 우리가 사랑과 연인, 예술과 예술가에 대해서 계속해서 말하듯이 말입니다. 우리의 영적인 삶의 중심과 계속 접촉하고 있지 않으면 기도를 통해 얻을 수 있는 모든 것과도 멀어집니다. 환상에서 기도로 향하는 내적인 긴장의 영역으로 들어가지 않으면 우리의 고독과 따뜻한 환대는 쉽게 그 깊이를 잃어버립니다. 그러고 나면 그것들은 영적인 삶의 필수적인 요소들이 되는 대신, 도덕적으로 존경할 만한 사람의 경건한 장식물에 지나지 않게 됩니다.

영원히 죽지 않으리라는 환상

우리 삶이 기도의 심오한 영역으로 들어가지 못하게 하는 가장 큰 장애물은 내면 깊이 스며 있는 영원성에 대한 환상입니다. 언뜻 이런 환상을 품고 있다는 사실이 가당치 않아 보이거나 맞지 않는 것 같습니다. 여러 차원에서 우리 자신이 유한한 존재라는 점을 잘 알고 있기 때문입니다. 자신이 영원토록 산다고 생각하는 사람이 누가 있겠습니까? 하지만 영적인 삶의 두 가지 움직임이 이미 보여주었듯이 사물이란 그렇게 단순하지 않습니다. 외로움의 사슬을 끊어줄 수 있는 다른 누군가를 간절히 찾을 때면, 또 우리 삶을 다른 사람이 빼앗을 수 없는 소유물로 보호하기 위해 새로운 방어막을 세울 때마다 항상 자신이 영원히 죽지 않으리라는 끈질긴 환상에 사로잡혀 있음을 발견합니다. 서로를 향해 또 스스로에게 영원히 살지 않을 것이고 곧 죽게 될 것이라고 계속 말하지만, 일상적인 행동과 생각과 관심사는 우리가 한 말의 실체를 온전히 받아들이기가 참으로 어렵다는 점을 보여줍니다.

하찮고 악의 없어 보이는 듯한 사건들을 통해서 우리 자신과 우리의 세계에 너무나도 쉽게 영원성을 부여한다는 점을 알게 됩니다. 자신을 향해 쏘아붙이는 말 한 마디에도 서글픔과 외로움을 느낍니다. 자신을 받아들이지 않는 행동 하나에도 자기 넋두리로 빠져듭니다. 여러 일 중에 단 하나만 뜻대로 안 되어도 자기 파괴적인 우울감에 빠집니다.

부모님이나 선생님, 친구들로부터 또 많은 종교와 일반 서적을 통해 배운 바로는, 우리는 세상이 우리를 규정하고 있는 것보다 더 가치 있는 존재입니다. 하지만 우리는 자신이 소유한 것, 자기가 아는 사람들, 자기가 갖고 있는 계획, 자기가 '쌓아놓은' 성공에 영원한 가치를 끊임없이 부여합니다. 사실, 조금만 일이 틀어져도 영원히 죽지 않는다고 생각해왔던 우리의 환상이 적나라하게 드러나고 우리가 "통제권을 쥐고 있다"고 말하는 세계에 의해 참으로 큰 희생을 당해왔다는 점이 밝혀집니다. 서글픔과 무거운 마음, 그리고 심지어 캄캄한 절망의 감정을 느끼는 이유는 우리가 주위 사람들을 지나치게 중시했고, 우리가 접하는 생각들이나 참여한 여러 사건들 때문이 아닙니까? 이렇게 너무 가까이 있는 것은 삶에서 유머를 앗아갈 뿐만 아니라 우리를 너무도 의기소침하게 만들어 제한적인 존재인 우리가 그 지평 너머를 바라보지 못하게 합니다.

감상적 태도와 폭력에 대한 환상

우리가 가진 엄청난 환상을 조금 더 가까이 들여다보려면, 가장 눈에 띄는 환상의 두 가지 증상인 감상적 태도와 폭력을 살펴보는 것이 도움이 될 것입니다. 겉으로 보기에는 아주 다른 형태인 이 두 행동은 영성의 관점에서 보면 영원히 죽지 않는다는 인간의 환상 속에 뿌리박고 있음을 알 수 있습니다.

감상적 태도는 친밀한 관계가 '아주 무거운 짐'이 되어버릴 때, 그리고 사람들이 거의 무모할 정도로 서로에게 집착할 때 종종 나타납니다. 동료 인간에게 영원한 기대를 두면 그들과 헤어지거나 또는 헤어질 조짐이 왔을 때 주체할 수 없는 감상에 빠질 수 있습니다.

> 네덜란드에서 해마다 열리는 평화 행진 기간 동안 3,000명의 고등학생들은 3일 동안 함께 걷고 대화를 나누었다. 그 행진을 이끈 인도자들은 행진에 참여한 학생들 간의 관계에서 두드러지게 나타났던 감상적 태도에 놀라움을 금치 못했다. 대부분 좀처럼 남에게 마음을 털어놓지 않는 전형적인 네덜란드인이었던 이 학생들에게는 손을 잡는 것이 가장 중요한 경험이었다. 그런데 작별의 시간, 기차역은 서로 부둥켜안고 우는 소년 소녀들로 가득 찼다. 행진을 끝내고 그간의 일을 되돌아보면서 어떤 학생들은 이런 우정을 맛보고 헤어진 다음에도 자신들이 행복하게 살 수 있을까 하고 의문을 가지기조차 하였다. 이 행진을 주최했던 교회의 종교적인 말과 제스처들과는 거리가 멀었지만 그들이 경험했던 독특한 하나됨은 엄청나고도 섬뜩한

감상을 불러일으켰다.

이 사건은 감상적 태도가 친밀한 관계에 대한 그릇된 기대의 결과로 나타날 수 있다는 점을 보여줍니다. 이 친밀함이 영원성의 가면을 쓰고 있을 때는 의기소침과 절망이 될 수 있습니다. 사람 사이의 친밀함의 한계 너머를 보고 모든 친밀함의 근원이신 하나님 안에 삶의 뿌리를 두지 않으면 영원성에 대한 환상을 던져버리고 감상의 늪에 빠지지 않으면서 친밀해지기 어렵습니다.

하지만 감상은 영원성에 대한 환상의 한 면일 뿐입니다. 폭력이 그 다른 얼굴입니다. 사실 감상적 태도와 잔인한 태도를 종종 한 사람 안에서 볼 수 있다는 사실은 그리 이상한 일이 아닙니다. 히틀러가 저지른 잔인무도한 행위를 목격한 이들의 기억 속에는 그가 조그만 어린아이를 보고 감동을 받아 눈물을 흘리던 영상도 남아 있습니다. 어떤 상황에서는 눈물을 흘리게 만드는 똑같은 환상이 또 다른 상황에서는 고문이 될 수도 있습니다. 다음의 일화는 그 사실을 결과까지 함께 보여주고 있습니다.

2차 세계대전 중에 한 루터교 감독이 독일 강제 노동수용소에 수감되어 한 히틀러 친위대원에게 고문을 받았다. 그 친위대원은 감독에게 자백을 강요했다. 작은 방에서 두 사람은 서로 마주하고 있었으며 친위대원은 감독에게 점점 더 고통을 주었다. 감독은 보기 드물게 고통을 잘 참아내는 사람이었기에 고문에도 아무런 반응을 나타내지 않았다. 그러한 그의 침묵이 친위대원을 더 화나게 했다. 친위대원은 감독을 점점 심하게 때렸으며 마침내는 화가 머리 끝까지 나서 감독에게 이렇게 소리쳤다. "내가 널 죽일 수도 있다는 걸 몰라?" 자기를 고문하는 그 사람의 눈을 물끄러미 바라보다가 감독은 이렇게 천천히 말했다. "알고 있소. 당신이 하고 싶은 대로 하시오. 하지만 나는 이미 죽은 몸이오." 바로 그 순간 히틀러 친위대원은 더 이상 손을 들 수 없었고 그 감독에 대한 지배력을 잃어버렸다. 마치 몸이 마비된 것같이 감독에게 손을 댈 수 없었다. 그의 잔인한 고문은 이 감독이 자기 목숨을 가장 가치 있는 소유물로 여기고 거기에 매달려서 그가 자기 목숨을 건지기 위해 기꺼이 자백을 하리라는 생각에 바탕을 둔 것이었다. 그런데 자기의 폭력 기반이 사라져버린 지금, 고문은 우스꽝스럽고 무익한 행동이 된 것이다.

이 이야기를 통해서 우리는 감상적인 행위뿐만 아니라 폭력도 우리의 삶이 우리 것이라는 환상 때문에 나타나는 한 증상이라는 점을 분명히 알 수 있습니다. 우리가 자신이나 다른 사람의 생명을 선물로 받았다고 여기는 대신 우리 힘으로 그것을 보호하고 정복할 수 있다고 여길 때 인간관계는 쉽사리 폭력적이고 파괴적으로 바뀝니다. 친밀한 관계의 한가운데서 폭력의 씨를 발견하는 경우가 많습니다. 입맞춤하는 것과 구타하는 것, 그리고 애무해주는 것과 따귀 때리는 것 사이, 귀기울여 듣는 것과 엿듣는 것, 부드럽게 바라보는 것과 의심의 눈초리로 바라보는 것 사이의 경계는 무너지기 쉽습니다.

영원성에 대한 숨겨진 환상이 친밀한 관계를 지배하게 되면 사랑받고자 하는 욕구가 욕정에 찬 폭력으로 바뀌는 것은 그리 어렵지 않습니다. 이루지 못한 욕구 때문에 동료에게 들어줄 수 없는 요구를 하게 되면 그들은 우상이 되고 우리는 마귀가 되는 격입니다. 인간으로서는 차마 들어줄 수 없는 반응을 요구함으로써 우리는 인간이 아닌 야수처럼 행동하라는 유혹을 받게 됩니다. 세계가 자기의 것이므로 아무도 그것을 자기에게서 빼앗아갈 수 없다는 환상을 가지고 행동하면 서로에게 위협적인 존재가 될 뿐이며 친밀해질 수 없습니다.

폭력이 없는 친밀함에 도달하기 위해서 영원성에 대한 환상을 벗어던지고 인간의 운명인 죽음을 온전히 인정하고 존재의 한계를 넘어서 하나님께로 발돋움해야 합니다. 하나님의 친밀함을 통해서 생명을 받았기 때문입니다.

자기의 꿈을 우상숭배함

환상은 우리가 생각하는 것보다 강합니다. 우리가 깨어 있는 시간에는 모든 것이 다 유한한 존재이기 때문에 어떤 것도 영원히 붙잡을 수 없다고 말할 수 있습니다. 삶의 귀중함에 대한 인식을 마음 깊숙이 심을 수 있을지도 모릅니다. 하지만 밤이든 낮이든 꿈을 꾸고 있을 때는 영원에 대한 영상들을 만들어냅니다. 낮에 자신이 어린아이처럼 느껴질 때에도 꿈속에서 헝클어진 우리의 생각은 아쉽게도 너무 쉽게 우리를 크고 거대한 영웅으로 만들어버립니다. 그래서 실제로는 우리를 대단치 않게 여기는 사람들이 모두 우러러 받드는 대단한 영웅이 되거나, 죽은 후에야 그들에게 진가를 인정받는 비극적 영웅이 됩니다.

꿈속에서는, 애굽에 온 형들을 아량 있게 용서하는 요셉도 될 수 있고, 핍박받는 아들 예수를 데리고 애굽으로 조심스레 피하는 요셉도 될 수 있습니다. 꿈속에서라면 자신의 순교를 기리는 동상을 마음대로 세울 수도 있고 자신의 상처받은 자아를 애도하기 위해 향을 피울 수도 있습니다. 채워지지 않은 욕망을 채우는 수단이 되기도 하는 이런 영상들을 통해 참으로 재빨리 우상들을 갈아치운다는 사실을 깨닫습니다. 하루 24시간 내내 환상을 벗어버리고 지내는 것은 생각보다 어려운 일입니다.

꿈 내용을 직접 바꾸려 하거나 밤 사이 생긴 예기치 않은 영상들에 대해서 걱정하는 것은 현명한 일이 아닐 것입니다. 그러나 꿈속의 우상은 겸손하게 만들어주는 표지들로써 하나님을 만날 준비를 갖추기까지 아직 갈 길이 멀다는 점을 가르쳐줍니다. 이 하나님은 우리가 손이나 마음으로 만든 하나님이 아니라 스스로 계신 분이시며 자신의 사랑의 손으로 우리를 만드신 분이십니다. 우상 숭배란 거짓된 신에게 경배하는 것인데, 생각보다 훨씬 더 엄청난 유혹입니다. 의식적인 삶뿐만 아니라 무의식적인 삶도 환상에서 기도로 움직이게 하려면 대단한 성실과 인내를 감내해야 할 것입니다.

> 동방정교회 내에서 수도원 제도의 아버지이자 4세기 사람이었던 성 바실St. Basil은 우리의 꿈마저도 영적인 삶에서 제외될 수 없다는 사실을 아주 분명히 했다. "저녁 기도 시간 중에 일어나는 온당치 않은 공상의 근원이 무엇입니까?"라는 질문을 받았을 때 그는 이렇게 대답했다. "그런 공상은 낮 동안 일어났던 영혼의 무질서한 움직임에서 나온다네. 하지만 사람이 하나님의 심판에 대한 생각만으로 가득 차 있어서 자신의 영혼을 깨끗하게 하고, 또 하나님을 기쁘시게 하는 선한 일과 선한 문제들에 끊임없이 마음을 쏟는다면 그의 꿈은 온통 그런 선한 것들뿐일걸세."[2]

꿈속의 환상을 곧바로 처리할 수는 없다 하더라도, 깨어 있는 시간뿐 아니라 꿈속에서도 하나님께 발돋움해야 하는 것은 실로 우리의 소명입니다. 인내심을 가지고 끈기 있게 자신이 죽지 않는다는 환상을 벗어던지면서, 또 헝클어진 생각이 만들어낸 하찮은 것들마저도 떨쳐버리면서 끝없는 기도 속에서 깊은 바다와 높은 하늘로 팔을 뻗어야 합니다. 환상에서 기도를 향해 움직일 때 우리는 사람의 오두막에서 하나님의 집으로 갑니다. 따뜻한 환대와 고독이 유지될 수 있는 곳은 바로 거기입니다.

기도는 하나님과 친교하는 시간

여기에서 어려운 질문이 생깁니다. 하나님을 우리의 하나님으로 보고 그분께 발돋움할 수 있을까요? 하나님과의 친밀함을 나누는 것이 가능할까요? 우리의 모든 이해를 넘어서 존재하시는 분과 사랑이 충만한 관계를 맺을 수 있을까요? 환상에서 기도로 향하는 움직임이 명확히 알 수 없는 어떤 어렴풋한 것으로 향하는 움직임에 지나지 않는 것은 아닐까요?

이런 물음들이 전적으로 새로운 것은 아닙니다. 이 질문들은 영적인 삶에 대해서 첫 줄을 쓰기 시작했을 때부터 이미 나왔던 것들입니다. 우리 내면의 자아를 향한 발돋움은 단순히 자아의 더 많은 부분을 향한 발돋움이거나 자신의 내면에 있는 콤플렉스들을 더 자세히 이해하기 위한 발돋움이 아니었습니다. 오히려 그 발돋움은 사실 새로운 만남이 일어날 수 있는 중심, 고독 가운데서 우리에게 말씀하시는 그분을 향해 자아를 넘어서 도달할 수 있는 중심을 향한 발돋움이었습니다. 낯선 방문객을 향한 발돋움은, 누가 보아도 도움이 필요한 사람들, 즉 먹을 것과 입을 것과 여러 보살핌이 필요한 수많은 사람들을 향한 것뿐만 아니라 도움을 주는 주인들에게 줄 선물로 그들이 가지고 오는 약속을 향한 발돋움도 의미합니다. 고독과 따뜻한 환대에 대한 모든 것들이 우리에게 가르치고 있는 것은 우리의 생각이 미칠 수 있는 것보다 더 높으신 분, 우리 마음이 느낄 수 있는 것보다 더 깊으신 분, 우리가 팔로 안을 수 있는 것보다 더 넓으신 분, 우리가 그 날개 아래로 피할 수 있는 분(시편 91편), 그 사랑 안에서 쉼을 얻을 수 있는 분을 우리의 하나님으로 부른다는 것입니다.

하나님과의 관계에 대한 이 질문들이 전적으로 새로운 것은 아니라 할지라도 이제 그 질문들은 좀 더 직접적이고 대립적이며 과감하게 제기됩니다. 어떤 점에서 우리는 모두 고독과 따뜻한 환대를 얻으려고 애쓰며 숙고해야 한다고 생각합니다. 그 두 가지에 어떤 확실한 인간적인 가치가 있기에, 확실히 조화롭게 유지하기만 한다면 그 두 가지는 성숙한 사람에게 나타나는 덕목이라는 점을 부인할 사람은 별로 없을 것입니다.

하지만 기도는 어떻습니까? 하나님과의 애정 어린 친교인 기도가 고독과 따뜻한 환대가 뿌리내리는 토대라는 주장은 사람들을 당혹하게 만드는 경향이 있습니다. 많은 사람들이 이렇게 말할 것입니다. "이제까지는 당신의 주장에 동의할 수 있었지만 여기서부터는 갈라섭시다." 그러면 그들은 어떤 이유로 다르다고 느껴야만 할까요? 우리의 인간적 노력이 한계에 이르렀다고 느낄 때 대부분 기도라는 말을 꺼내지 않습니까? 기도라는 말은 모든 생명의 근원이신 분과의 창조적인 만남이라기보다는 무능력함을 의미하지 않습니까?

기도에 대한 이러한 느낌, 경험, 물음, 거부감은 아주 현실적이고 또 많은 경우는 구체적이고 고통스러운 여러 사건의 결과라는 사실은 중요합니다. 그럼에도 불구하고 기도가 없는 영적인 삶은 그리스도 없는 복음과 같습니다. 의심과 염려에 찬 이 모든 질문들을 다음의 한 물음 속에 간단히 담아보는 것이 증명하고 변호하는 것보다 가치 있으리라 생각됩니다. 즉, "하나님과의 친밀한 관계인 기도가 정말로 모든 관계의 기본이 된다면, 또 다른 사람에게 그럴 뿐 아니라 우리에게도 그렇다면, 우리는 어떻게 기도를 익히고 실제로 우리 존재의 축으로서 경험할 수 있는가?" 이 질문에 초점을 맞추면 자신의 삶과 직접 만나거나 소설이나 책에서 만난 이들의 삶 속에 나타나는 기도의 중요성을 탐색할 수 있게 됩니다.

우리의 가장 고상한 소명, 기도

기도란 오로지 선물로 받을 수 있는 것임에도 불구하고 기도하는 법은 익혀야 합니다. 이것이 바로 기도의 역설적인 면입니다. 기도가 언뜻 보면 상반되는 듯한 많은 진술의 주제가 되는 이유를 명쾌하게 설명해주는 것이 이 역설입니다.

소금의 역할을 잘해낸 모든 성도들과 영적 인도자들이 말하기를, 기도는 우리의 가장 고상한 소명이자 첫째 가는 의무이므로 기도하는 것을 익혀야 한다고 합니다. 이제까지 기도하는 법에 대해서 수많은 책이 저술되었습니다. 또 많은 사람은 자신들이 겪은 여러 가지 모양과 수준의 감동적인 경험을 명료하게 표현하고자 했으며 자기가 간 길을 독자들이 따르도록 권했습니다. 그들은 "쉬지 말고 기도하라"(살전 5:7)는 사도 바울의 말을 우리에게 거듭해서 되새겨주며, 또 하나님과의 친밀한 관계를 발전시키는 방법에 대해서 세밀하게 가르쳐주는 경우도 많습니다. 심지어 서로 다른 '기도 학파들'과 이런 저런 학파를 지지하는 정교한 주장을 만나는 것이 놀라운 일은 아닙니다.

이런 학파나 전통 가운데 하나가 헤시카주의(Hesychasm, 헬라어 헤시카는 '정적靜的이다'라는 말에서 나온 것으로, 동방정교회, 특히 아토스산의 수도사들 사이에서 행해졌던 내적이고도 신비적인 기도 관습을 가리킴–역주)입니다. 19세기 러시아의 헤시카주의자인 은둔자 테오판은 기도에 대한 아름다운 본보기가 되는 한 가지 가르침을 제시하면서 이런 글을 썼습니다.

> 여러분의 마음 속에 늘 여러분의 생각을 붙잡아두고서 언제나 주님과 함께 하는 것을 원칙으로 삼아 생각이 방황하지 않게 하십시오. 생각이 제멋대로 돌아다닐 때마다 항상 그것을 되돌려 마음 속에 있는 기도실 안의 제자리에다 놓아두고 주님과 나누는 대화를 통해 기뻐하십시오.[3]

다른 모든 위대한 영적 저술가들과 마찬가지로 테오판도 하나님과의 친밀한 관계에 다다르기 위해서는 진지한 훈련이 반드시 필요하다고 보고 있습니다. 그들이 보기에 힘겨운 노력이 없는 기도란 거론할 가치조차 없는 것입니다. 사실 일부 영적인 저술가들이 기도하기 위해 자신들이 들인 노력을 너무나도 구체적이고 생생하게 묘사합니다. 그래서 독자들은 어느 수준의 기도에 도달하기 위해서는 단지 아주 힘겨운 수고와 엄격한 끈기만 있으면 된다는 잘못된 인상을 받습니다. 이런 인상은 많은 사람들이 오랫동안 계속해서 '기도 노동'을 끝냈을 때 그것을 시작할 때보다도 더 자신이 하나님과 멀어졌다고 생각했기 때문에 많은 환멸을 불러일으켰습니다.

하지만 기도의 훈련에 대해서 말하는 바로 그 성도들과 영적 인도자들이 계속 되새겨주는 것은 기도는 하나님의 선물이라는 점입니다. 우리 혼자 힘으로는 진실로 기도할 수 없으며 우리 안에서 기도하시는 분은 바로 하나님의 영이라고 그들은 말합니다. 바울은 이 점을 이렇게 분명하게 표현했습니다. "성령으로 아니하고는 누구든지 예수를 주시라 할 수 없느니라"(고전 12:3).

하나님을 어떤 관계 안으로 밀어넣을 수는 없습니다. 하나님이 스스로 먼저 우리에게 오시는 것이지 어떤 훈련이나 노력이나 고행이 하나님을 오게 만드는 것은 아닙니다. 모든 신비주의자들이 하나같이 입을 모아 강조하는 바처럼 기도는 '은혜', 즉 하나님이 값없이 주시는 은사이며 우리는 거기에 감사할 수 있을 뿐입니다. 하지만 그들은 이 고귀한 선물이 실로 우리가 손을 뻗어 잡을 수 있는 범위 안에 있다는 점을 주저하지 않고 덧붙여 말합니다. 예수 그리스도 안에서 하나님은 가장 본질적인 방식으로 우리의 삶 안으로 들어오셨고 이로써 우리는 성령을 통해 그분의 생명에 들어갈 수 있습니다.

돌아가시기 전날 밤, 예수님이 사도들에게 하신 위엄 있는 말씀의 의미가 바로 이것입니다. "그러하나 내가 너희에게 실상을 말하노니 내가 떠나가는 것이 너희에게 유익이라. 내가 떠나가지 아니하면 보혜사(성령)가 너희에게로 오시지 아니할 것이요 가면 내가 그를 너희에게로 보내리니"(요 16:7). 예수님 안에서 하나님은 우리와 같이 되셨고 예수님을 통해서 그분의 신성한 생명을 나누는 친교의 자리로 우리를 이끄셨습니다. 예수님은 우리처럼 되기 위해 우리에게 오셨고 우리를 그분처럼 되게 하시기 위해 우리를 떠나셨습니다. 당신의 숨결인 성령을 주심으로 예수님은 우리 자신보다 우리와 가까워지셨습니다. 우리가 하나님을 "아바 아버지"라고 부르고 성부와 성자께서 갖는 신비스러운 신적인 관계의 일원이 될 수 있는 것은 이 하나님의 숨결 때문입니다. 그러므로 예수 그리스도의 영 안에서 기도한다는 것의 의미는 하나님 그분의 은밀한 생명 가운데 동참한다는 것입니다.

토머스 머튼은 이렇게 말하고 있습니다.

> 그리스도인과 그리스도의 연합은 … 그리스도께서 직접 내 안에서 생명의 근원이요 원리가 되시는 신비한 연합이다 … 예수님께서 직접 내게 성령을 주심으로 그분은 내 안에서 신적으로 '호흡하신다'.[4]

기도를 하면서 나누는 하나님과의 친교를 하나님의 숨결이라는 이미지만큼 잘 표현하고 있는 말은 아마 없을 것입니다. 우리는 호흡 곤란에 대한 불안이 치유된 천식 환자와도 같습니다. 성령께서 우리의 편협함을 없애버리셨고(불안을 나타내는 라틴어는 안구스티아〔편협함〕이다) 우리의 모든 것을 새롭게 하셨습니다. 우리는 새로운 숨결과 새로운 자유, 새로운 생명을 받았습니다. 이 새로운 생명은 하나님 그분의 신적인 생명입니다.

그러므로 기도는 우리 안에서 하나님께서 호흡하시는 것이며, 이를 통해 우리는 하나님의 내적인 생명으로 친교를 나누는 일원이 됩니다. 또 이를 통해 우리는 거듭납니다. 그러므로 기도의 역설적인 면이란, 기도가 오로지 선물로 받을 수 있는 것이면서도 진지한 수고를 요구한다는 점입니다. 우리는 하나님을 계획하고 조직하고 조작할 수 없습니다. 하지만 신중한 훈련 없이는 하나님을 받을 수도 없습니다. 기도의 이런 역설적인 면은 유한한 존재의 한계 너머를 바라보게 합니다.

영원성에 대한 환상을 떨쳐버리고 또 연약하고 죽을 수밖에 없는 상황을 온전히 이해하게 되어야만 생명의 창조자요, 재창조자이신 분을 향해 자유함 속에서 발돋움할 수 있으며 그분의 선물들에 대해 감사하면서 반응할 수 있습니다.

사람들은 종종 기도를 연약한 것으로 그리고 더 이상 혼자 힘으로 할 수 없을 때 매달리는 버팀목 정도로 생각합니다. 하지만 이 말은 우리의 기도를 들으시는 하나님이 우리의 모습대로 창조되셨으며 우리의 필요와 관심사에 맞춰진 분이라고 할 때에만 맞습니다. 그러나 우리가 기도를 통해 하나님께로 발돋움할 때 또 우리의 조건으로가 아니라 하나님의 조건으로 그렇게 할 때, 기도는 자기에게만 몰두한 상태에서 자신을 끌어내어 우리에게 친숙한 땅을 떠나 새로운 세계로 들어가라는 도전을 줍니다. 이 새로운 세계는 우리의 생각과 마음이라는 범주로는 담을 수 없는 곳입니다. 우리와 새로운 관계를 맺게 되는 하나님은 우리보다 크신 분이시고 우리의 모든 짐작과 예측을 쓸모없게 하는 분이시기에 기도는 위대한 모험입니다. 환상에서 기도를 향하여 움직이기란 어려운 일입니다. 그것은 거짓 확신에서 참된 불확신으로 이끌고, 또 손쉬운 버팀목으로부터 위험스런 항복으로, 수많은 '안전한' 우상들로부터 끝없는 사랑을 가지신 하나님께로 이끌기 때문입니다.

하나님의 임재와 부재를 체험하다

하나님은 '너머에' 계십니다. 즉, 우리의 마음과 생각, 우리의 느낌과 사고, 우리의 기대와 바람, 우리의 삶을 이루는 모든 사건과 경험 너머에 계신 분입니다. 그러면서도 하나님은 여전히 그 모든 것의 한가운데 계십니다. 여기서 기도의 핵심에 닿게 됩니다. 기도 가운데서는 하나님의 임재와 하나님의 부재가 더 이상 실제로 구별되지 않는다는 점이 분명해지기 때문입니다. 기도 속에서 하나님의 임재는 하나님의 부재와 결코 분리되지 않으며 하나님의 부재가 하나님의 임재와 분리되지 않습니다. 하나님의 임재는 사람들과 함께 있는 경험과는 상당히 달라서 그것을 부재라고 여기기 아주 쉽습니다. 한편 하나님의 부재를 강하게 느끼면 하나님의 임재를 새롭게 인식하게 됩니다. 시편 22편 1장에서 5절 말씀은 이 점을 강하게 표현하고 있습니다.

> 내 하나님이여 내 하나님이여 어찌 나를 버리셨나이까
> 어찌 나를 멀리하여 돕지 아니하옵시며
> 내 신음하는 소리를 듣지 아니하시나이까
> 내 하나님이여 내가 낮에도 부르짖고
> 밤에도 잠잠치 아니하오나
> 응답지 아니하시나이다
> 이스라엘의 찬송 중에 거하시는 주여
> 주는 거룩하시니이다
> 우리 열조가 주께 의뢰하였고 의뢰하였으므로
> 저희를 건지셨나이다
> 저희가 주께 부르짖어 구원을 얻고
> 주께 의뢰하여 수치를 당치 아니하였나이다

이 기도는 이스라엘 백성의 경험을 표현한 것일 뿐만 아니라 그리스도인이 체험할 수 있는 정점이기도 합니다. 예수님께서 십자가 위에서 이 말씀을 하실 때는 완전한 홀로됨과 온전한 수용이 서로 맞닿았습니다. 그 완전한 공허의 순간에 모든 것이 이루어졌습니다. 암흑의 시간에 새로운 빛이 나타났습니다. 죽음을 목격했을 때 생명이 확실하게 증언되었습니다. 하나님의 부재가

가장 큰 소리로 표현되었을 때 하나님의 임재가 가장 심오하게 드러났습니다.

인간이 되신 하나님, 당신께서 단절이라는 우리의 가장 고통스런 경험에 동참하셨을 때 하나님은 우리에게 가장 가까이 임재하셨습니다. 기도하는 가운데 경험하는 것이 바로 이 신비입니다. 지상에서의 삶 가운데 나누는 하나님과의 친교는 사람들 사이의 친교를 뛰어넘는 것으로서, 그리고 전에 오셨고 이제도 오실 그분을 충성스럽게 기다리면서 체험하는 친교로서 언제나 변함없을 것입니다. 비록 어떤 특별한 순간에는, 우리가 고독의 한가운데, 또 타인을 위해 마련한 자리의 한가운데서 하나님의 임재를 온몸으로 깊이 느끼기도 하지만 많은 경우 고통스러운 허무감만 안게 되거나 부재하시는 분으로서 하나님을 경험할 수 있을 뿐입니다.

프랑스의 여류 저술가인 시몬느 베이유Simone Weil는 자신의 비망록에 이렇게 쓰고 있습니다. "기대하는 마음으로 끈기 있게 기다리는 것이 영적인 삶의 기초입니다."[5] 이 말을 통해서 시몬느 베이유는 기도 가운데서 하나님께 발돋움할 때 하나님의 부재와 임재가 서로 나뉘지 않는다는 사실을 강력하게 보여주고 있습니다.

무엇보다도 영적인 삶은 끈기 있게 기다리는 삶입니다. 즉, 수많은 좌절의 경험들을 통해 하나님이 부재하신다는 생각을 깨달아가는 고통스런 시간 가운데서 기다리는 것입니다. 그러나 기대 속에서의 기다림을 통해 하나님이 우리의 고통 한가운데로 오신다는 것을 최초로 알아챌 수 있습니다. 그렇기에 임재의 신비는 하나님의 부재를 깊이 의식하는 것을 통해서만 알 수 있습니다. 하나님의 발자국을 발견하며 또 하나님을 사랑하고픈 바람은 하나님이 우리를 만지실 때 드러나는 그 사랑으로부터 생긴다는 점을 깨닫는 것은 바로 부재하시는 하나님을 갈망할 때입니다.

자기가 사랑하는 사람을 끈기있게 기다리면서 그 사람이 이미 우리의 삶을 참으로 가득 채웠다는 사실을 발견합니다. 아들에 대한 어머니의 사랑이 아들이 멀리 떠나 있을 때 더 깊어질 수 있듯이, 자녀는 집을 떠났을 때에야 부모에게 감사하는 것을 배울 수 있듯이, 또 연인들이 서로 오래 떨어져 있을 때 서로를 새롭게 발견할 수 있듯이 하나님과 우리의 친밀한 관계는 하나님의 부재라는 정결한 체험을 통해 더 깊어지고 성숙해질 수 있습니다. 자신의 갈망에 귀기울임으로써 하나님이 그 갈망을 지으신 분이라는 소리를 듣습니다.

자기 고독을 접하면서 자신이 이미 사랑의 손길로 만져졌음을 느낍니다. 사랑하고 싶은 끝없는 욕망을 주의 깊게 바라보면서, 사랑할 수 있는 것은 먼저 사랑을 받았기 때문이라는 점과 친밀함을 베풀 수 있는 것은 오로지 우리가 하나님 자신의 내적인 친밀함 속에서 태어났기 때문이라는 점을 점점 더 깨닫게 됩니다.

우리는 지금 생명 파괴가 만연해 있고 인간의 아물지 않은 상처가 눈에 띄게 많은 난폭한 시대에 살고 있습니다. 그런 가운데 사는 우리가 정결케 하는 하나님 부재를 견디기란, 또 그분의 길을 끈기 있고 공손하게 기다리기 위해 마음을 계속 열어두기란 아주 어렵습니다. 그 물음들의 타당성을 묻기보다는 빠른 해결책을 선택하기 쉽습니다. 손쉬운 치유를 약속하는 제안이라면 무조건 거기에 믿음을 두려는 경향이 너무나 강해서, 영적인 체험들이 아무데서나 우후죽순처럼 나타나고 있으며 또 사람들은 그것을 마치 상품인 양 가지려고 애씁니다.

강렬한 하나됨의 체험, 카타르시스적인 흥분과 부드러운 사랑, 해방감을 느끼게 하는 황홀경과 환희를 약속하는 곳이나 사람에게 사람들이 몰립니다. 만족을 얻고자 하는 필사적인 욕구와 하나님과의 친밀함을 경험하고자 하는 쉼없는 추구 속에서 자기 나름의 영적인 사건을 만들기는 참으로 쉽습니다. 그러나 참을성이 없는 우리 문화에서는 기다림을 통해 큰 구원을 발견하기가 지극히 어렵게 되어버렸습니다.

그러나 그럼에도 여전히 구원의 하나님은 사람이 꾸며낸 분이 아닙니다. 하나님은 '이미'와 '아직' 사이, 부재와 임재 사이, 떠남과 돌아옴 사이의 심리적인 구별을 뛰어넘으시는 분입니다. 기대하는 마음으로 끈기 있게 기다리는 중에만 환상에서 서서히 벗어나 시편 기자가 기도했듯이 우리도 기도할 수 있습니다.

하나님이여 주는 나의 하나님이시라
내가 간절히 주를 찾되
물이 없어 마르고 곤핍한 땅에서

내 영혼이 주를 갈망하며
내 육체가 주를 앙모하나이다
내가 주의 권능과 영광을 보려 하여
이와 같이 성소에서 주를 바라보았나이다

주의 인자가 생명보다 나으므로
내 입술이 주를 찬양할 것이라
이러므로 내 평생에 주를 송축하며
주의 이름으로 인하여 내 손을 들리이다
골수와 기름진 것을 먹음과 같이 내 영혼이 만족할 것이라
내 입이 기쁜 입술로 주를 찬송하되
내가 나의 침상에서 주를 기억하며
밤중에 주를 묵상할 때에 하오리니
주는 나의 도움이 되셨음이라
내가 주의 날개 그늘에서 즐거이 부르리이다
나의 영혼이 주를 가까이 따르니
주의 오른손이 나를 붙드시거니와(시 63:1-8)

고난 중에 반항하지 않고 기도하기

영원성에 대한 환상을 떨쳐버릴 때 우리의 모든 기대와 꿈과 바람을 초월하여 계신 하나님을 향해 팔을 뻗을 수 있는 열린 자리를 마련할 수 있습니다. 아마도 환상에서 완전히 해방될 수는 없을

것입니다. 외로움과 적대감에서 완전히 자유로워질 수 없듯이 말입니다. 그러나 자신의 환상을 환상으로 깨달을 때 기도의 첫째 윤곽도 깨달을 수 있습니다.

우리는 항상 환상과 기도라는 두 극점 사이에서 움직이고 있습니다. 살아가다 보면 일상사에 정신없이 빠져서 '기도'라는 말이 성가시게 들릴 때가 있습니다. 또한 기도가 쉽고 당연해서 삶이라는 말과 거의 똑같이 느껴질 때도 있습니다. 하지만 보통 우리는 그 중간 어디쯤엔가에 있습니다. 그래서 적어도 한 손으로는 우리의 귀중한 소유물을 잡은 채 기도하면서 그것이 지닌 미혹성을 어렴풋하게나마 겨우 의식할 뿐입니다.

하지만 어떤 때 우리는 반쯤은 잠들고 반쯤은 깬 흐리멍텅한 상태에서 다시 한 번 깨어나게 됩니다. 전쟁의 위기나 급작스런 가난, 병, 죽음 속에서 '인생의 부조리들'에 맞닥뜨리게 될 때 우리는 더 이상 중립적인 자리에 남아 있을 수 없게 되고 어떻게든 반응을 보이라는 요구를 받습니다. 많은 경우 가장 먼저 그리고 가장 눈에 띄는 반응은 우리의 당황스러움에서 터져나오는 반발심입니다. 자신의 환상에 대해서 다시 한 번 깨닫게 되고 우리의 반항심을 기도로 바꾸라는 요구를 받는 때가 바로 인생의 힘겨운 순간들입니다. 이것은 아주 어렵지만 우리를 실체로부터 멀어지게 하는 일이 아니라 오히려 실체에 더 가까이 가게 합니다.

얼마 전 한 학생이 오랫동안 해왔던 신학 공부를 마치고 처음으로 교회에서 사역하려고 할 즈음에 자전거에서 굴러떨어져서 갑자기 세상을 떠났다. 그를 잘 알고 있던 사람들은 울분 섞인 강한 반항심이 가슴 속에서 솟구치는 것을 느꼈다. 왜 하필이면 여러 사람들을 위해서 많은 일을 할 수 있는 훌륭한 청년을 데려가시는가? 길고 길었던 힘겨운 배움이 막 열매를 맺으려고 했는데 왜 지금 데려가시는가? 어째서 이렇게 전혀 예기치 않은 시시한 방법으로 세상을 떠났는가? 이 모든 정당한 물음에 대해서 아무런 대답이 없었다. 울분 섞인 강한 반항심만이 사람이 할 수 있는 유일한 반응인 것 같았다.

하지만 이런 반항심은, 삶이 무엇인지를 잘 알고 있으며 삶을 다스리고 삶의 목표뿐만 아니라 삶의 가치를 결정한다는 환상을 연장시킬 뿐입니다. 그러나 우리는 그런 사람이 아니기에 인간 존재의 부조리들에 대해 가지는 우리의 반발심을 기도로 바꾸라는 도전을 받습니다. 기도는 우리 존재의 한계 너머로 우리를 들어올려서 끝없는 사랑과 자비가 넘치는 가슴과 손으로 우리 생명을 붙들고 계시는 그분에게로 이끌기 때문입니다. 이런 도전을 받아들여야 할 때 시편 기자가 한 다음의 말을 되뇌어보면 좋을 것입니다.

> 인생들아 어느 때까지 나의 영광을 변하여 욕되게 하며
> 허사를 좋아하고 궤휼을 구하겠는고
> 여호와께서 자기를 위하여

경건한 자를 택하신 줄 너희가 알지어다
내가 부를 때에 여호와께서 들으시리로다(시 4:2-3)

Reaching Out 8

마음의 기도

마음의 기도는 하나님이 주시는 사랑의 친밀함 속에서
지성과 가슴을 하나로 묶어줍니다. 또한 하나님의 친밀한
관계를 갖기 위해 자기 나름의 독특한 길을 찾는
오늘날의 그리스도인들에게 특별한 길잡이가 될 수 있습니다.

마음에서 우러나오는 기도를 하다

따뜻한 환대에도 여러 가지 방법이 있듯이 기도하는 방법도 여러 가지입니다. 기도를 사람들이 살아가면서 하는 많은 일 중 하나라고 생각하지 않고, 오히려 기도란 수용하는 태도로서 그것을 통해 삶의 모든 것이 새로운 활력을 얻을 수 있다고 본다면 곧 이런 질문을 하게 될 것입니다. "내 기도 방법은 어떤 것일까, 내 마음에서 우러나오는 기도는 무엇일까?"

예술가가 자기만의 독특한 스타일을 찾듯이 기도하는 사람은 자기 마음에서 우러나오는 기도를 찾습니다. 삶에서 가장 심오한

것, 그렇기에 가장 소중한 것에 대해서 우리는 표현해야 할 뿐만 아니라 올바로 지켜야 합니다. 그러므로 종종 기도가 세심하게 정해진 몸짓과 말, 또 세밀한 의식과 정교하게 만든 예식들로 치장된다는 점은 놀라운 일이 아닙니다.

> 트라피스트 수도원을 방문하면 자기 삶을 온전히 기도에만 바친 이들이 어떻게 아주 엄격한 훈련에 스스로를 복종시키는지를 알 수 있다. 트라피스트 수도사들은 밤이나 낮이나 온 일생을 거룩한 규칙인 성 베네딕트 규율에 따라 산다. 이 규칙은 트라피스트 수도원의 영적인 아버지인 대수도원장이 최대한 신중하게 고려하여 보호하고 해석한다. 트라피스트 수도사의 기도 생활에서 거룩한 규율은 마치 보석을 박아넣는 금 세공물과도 같은 것이다. 이 규칙을 통해서 기도의 참 아름다움이 겉으로 드러나며 그 아름다움을 온전히 누릴 수 있게 된다. 이 규칙을 소홀히 하는 것은 기도를 소홀히 하는 것을 뜻한다. 자기가 무슨 일을 하든지 삶 전체를 끊임없는 기도로 삼고자 하는 수도사는 그 목표를 실현하기 위해서는 그를 뒷받침해주는 아주 구체적인 일과표가 있어야만 한다는 것을 안다. 그런 이유로 트라피스트 수도원에서는 성체 성사, 공동 성가 영창, 개인 묵상, 공부와 육체 노동, 식사와 취침이 모두 세심한 통제를 받으며 성실하게 준수되고 있는 모습을 볼 수 있다. 단 며칠만이라도 이런 생활을 함께 해본 사람이라면 이런 명상적인

생활의 깊은 율동 속에 숨어 있으면서도 눈에 띄는 기도의 엄청난 신비를 느낄 수 있다.

위의 트라피스트 수도회의 모습을 통해 드러나는 점은, 진지하게 기도의 삶을 살고자 하는 사람이 그 바람을 마침내 이루고 어느 정도까지 그것을 실현할 수 있으려면 반드시 구체적인 방법이 있어야 한다는 것입니다. 살아가면서 우리가 그 방향을 수차례에 걸쳐서 바꾸고 새로운 방법들을 모색해야 할 필요가 있을지도 모릅니다. 하지만 어느 한 가지라도 방법을 갖추지 않고는 우리는 어디에도 도달할 수 없을 것입니다.

"내 마음의 기도는 무엇인가?" 하는 개인적인 물음에 대한 답을 얻기 위해서 먼저 가장 개인적인 기도를 발견하는 방법을 알아야만 합니다. 자신만의 내력과 환경, 개인적인 성격, 독특한 통찰과 행동을 할 수 있는 자기 나름의 자유가 있는 개별적인 인간이 어떻게 하나님과 친교를 맺도록 부름 받았는지 발견하려면 어디를 보아야 하고, 무엇을 하며 누구에게 가야 합니까? 사실 마음의 기도에 대한 물음은 우리 자신의 가장 개인적인 소명에 대한 물음입니다.

하나님의 임재 가운데 침묵하라

몇 가지 지침을 세워볼 수는 있을 것 같습니다. 그러나 기도를 진실로 '꼭 필요한 단 한 가지 것'(눅 10:42 참조)으로 여겼던 사람들의 삶을 주의 깊게 살펴보면 언제나 다음 세 가지 '규율'을 관찰할 수 있습니다. 하나님의 말씀을 묵상하면서 읽는 것, 하나님의 음성을 조용히 듣는 것, 그리고 신뢰하는 마음으로 영적인 인도자에게 순종하는 것입니다. 성경 없이, 조용한 시간 없이, 또 우리를 지도할 어떤 사람 없이 하나님께로 가는 우리 자신의 길을 찾는 것은 아주 어려우며 실제로 불가능합니다.

첫째, 성경에 기록된 하나님의 말씀에 세심한 주의를 기울여야 합니다. 성 어거스틴은 한 아이가 "가져가서 읽으세요, 가져가서 읽으세요"[1]라는 말을 듣고는 그 말대로 성경을 가져와서 읽은 것이 회심하게 된 계기가 되었습니다. 그가 성경을 펴들고 읽기 시작했을 때 그는 자기가 읽는 그 말씀이 바로 자기에게 말하고 있음을 느꼈습니다.

성경을 가져다가 읽는 것이 하나님의 부르심에 대해 자신을 열어놓기 위해 가장 먼저 해야 할 일입니다. 성경을 읽는 것은 겉으로 보이는 것처럼 쉽지는 않습니다. 우리가 살고 있는 이론적인 세계에서는 모든 대상을, 그리고 어느 것이든 읽은 것을 분석하고 토론하려 들기 때문입니다. 하지만 하나님의 말씀은 먼저 명상과 묵상으로 인도합니다. 말씀을 분해하는 대신에 그 말씀들을 자신의 내면의 자아로 모아들여야 합니다. 그 말씀에 동의하는가 아닌가를 묻는 대신에 그 중에서 어떤 말씀이 직접 나에게 하시는 것이고 자신의 삶과 가장 직접적으로 연결되는지 생각해야 합니다.

말씀을 흥미진진한 대화나 논문의 주제가 될 만한 대상으로 생각하는 대신에 말씀이 기꺼이 우리 마음의 가장 깊숙한 구석으로, 그리고 다른 말이 한 번도 와닿지 못했던 곳까지도 뚫고 들어오게 해야 합니다. 바로 그때에만 말씀은 비옥한 땅에 뿌려진 씨앗처럼 열매를 맺을 수 있습니다. 오로지 그때에만 정말로 말씀을 '듣고 깨달을 수' 있습니다(마 13:23 참조).

둘째, 하나님의 임재 가운데서 조용한 시간을 가져야 합니다. 설사 우리의 모든 시간을 하나님을 위한 시간으로 삼고 싶어한다 할지라도 일 분이나 한 시간, 아침 나절, 하루, 일 주일, 한 달 등 어느 정도의 시간이든 하나님을 위해 또 하나님만을 위해 따로 떼어 마련하지 않는다면 그런 삶을 살 수 없을 것입니다. 이렇게 하기 위해서는 많은 훈련과 위험을 감수하는 것이 필요합니다. 우리에게는 항상 더 급한 일이 있으며 '그냥 앉아' '아무것도 하지 않는 것'은 유익을 주기보다는 우리를 불안하게 만들 때가 더 많기 때문입니다. 하지만 이것말고는 길이 없습니다.

하나님의 임재 가운데서 아무것도 하지 않고 조용히 있는 것이 모든 기도의 핵심적인 부분입니다. 처음에는 하나님의 음성보다는 주체할 수 없는 자기 내면의 소리가 더 많이 들릴 것입니다. 이것은 종종 매우 참기 어렵습니다. 하지만 서서히, 아주 서서히 발견하게 되는 것은 이 침묵의 시간이 우리를 고요하게 만들고 또 자신과 하나님을 더 깊이 의식하게 만든다는 것입니다. 그리고 나면 당장에, 그런 시간을 빼앗기게 되면 그런 순간들을 그리워하기 시작합니다. 또 충분히 의식하기도 전에 어떤 내면의 타성이 생겨서 우리를 점점 더 침묵으로 이끌고 또 하나님이 우리에게 말씀하시는 그 조용한 지점으로 우리를 더욱 가깝게 이끌어 갑니다.

성경을 묵상하는 것과 하나님의 임재 안에서 갖는 침묵의 시간은 서로 가깝게 연결되어 있습니다. 하나님의 말씀은 우리를 침묵으로 이끌고 침묵은 하나님의 말씀에 주의를 기울이게 합니다. 하나님의 말씀은 사람의 수다라는 두꺼운 벽을 넘어서 우리 마음의 조용한 중심으로 꿰뚫고 들어옵니다.

한편 침묵은 말씀을 들을 수 있는 자리를 우리 안에 열어놓습니다. 말씀을 읽지 않으면 침묵은 김빠진 것이 되어버리고 침묵이 없으면 말씀은 재창조하는 힘을 잃어버립니다. 말씀은 침묵으로 이어지고 침묵은 말씀으로 이어집니다. 말씀은 침묵 가운데서 생겨나고 침묵은 말씀에 대한 가장 심오한 반응입니다.

하지만 말씀과 침묵은 둘 다 길잡이가 있어야 합니다. 우리가 스스로를 속이고 있는 것은 아닌지, 또 우리가 자기 구미에 맞는 말씀만 골라서 보고 있는 것은 아닌지, 또 우리가 자기가 만들어 낸 음성을 듣고 있는 것은 아닌지를 어떻게 알겠습니까?

많은 사람들이 성경을 인용했으며 또 많은 사람들이 침묵 가운데서 음성을 듣고 환상을 보았지만 하나님께 이르는 길을 발견한 사람은 아주 소수입니다. 자기만의 독특한 경험을 판단할 수 있는 사람이 누가 있겠습니까? 자기의 느낌이나 식견이 자기를 올바른 방향으로 인도하고 있는지를 누가 결정할 수 있겠습니까? 하나님은 우리의 마음이나 생각보다 크신 분이신데 우리는 너무나도 쉽게 우리 마음의 바람과 우리의 사색을 하나님의 뜻이라 여기려는 유혹에 빠집니다. 그러므로 안내자, 지도자, 상담자는 혼란 상태나 우리의 통제를 벗어나 있는 어둠의 세력에서 들려오는 다른 음성과 하나님의 음성을 구별할 수 있도록 도와주어야 합니다.

모든 것을 포기하고 싶고 잊고 싶고 그냥 절망 속으로 달아나 버리고 싶을 때 우리를 격려해주는 누군가가 있어야 합니다. 너무도 성급하게 분명치 않은 방향으로 움직일 때나 막연한 목표로 우쭐거리며 급히 달려가려 할 때 우리를 말리는 누군가가 있어야 합니다. 언제 말씀을 보아야 하고 언제 침묵해야 하는지를 제시해주고, 또 어느 말씀을 묵상해야 할지를, 또 침묵 때문에 평안은 별로 없고 엄청난 불안만이 느껴질 때 무엇을 해야 하는지를 제시해줄 수 있는 사람이 있어야 합니다.

영적인 안내자라는 생각에 대해서 처음에 그리고 거의 동시에 나타나는 반응은 "영적인 안내자를 찾기가 어렵다"는 것입니다. 사실일지도 모릅니다. 하지만 영적인 안내자가 부족한 한 가지 이유는 영적인 인도자가 되어달라는 식으로 동료들에게 부탁하지 않기 때문일 것입니다. 훌륭한 스승을 끊임없이 구하는 학생이 없다면 훌륭한 스승은 나오지 않을 것입니다. 영적인 안내자도 마찬가지입니다. 우리가 도움을 구하지 않아서, 아주 예민한 영적 감수성을 갖고 있으면서도 그 은사를 나타내지 못하는 사람들이 많습니다.

사실 마음의 기도를 찾는 일을 도와달라고 부탁하면 많은 사람들이 우리를 위해 지혜를 드러내게 되고 거룩해질 것입니다.

영적 인도자라고 해서 반드시 우리보다 더 똑똑하고 경험이 많아야 할 필요는 없습니다. 중요한 것은 그 사람이 우리의 부탁을 받아들여서 하나님께 더 가까이 이끌어주고 하나님께서 두 사람 모두에게 말씀하시는 성경과 침묵의 세계로 우리와 함께 들어간다는 사실입니다. 우리가 정말로 기도의 삶을 살고자 하고 우리 마음의 기도가 무엇인지를 스스로에게 진지하게 물어보고자 한다면 우리는 자기에게 어떤 인도가 필요한지를 나타낼 수도 있을 것이며 부탁을 들어줄 사람이 있다는 사실도 알게 될 것입니다. 종종 우리는 도와달라고 요청하는 그 사람들이 정말로 우리를 돕는 데 필요한 재능들을 갖게 되고 우리와 함께 기도하면서 성장하게 되리라는 사실을 발견할 것입니다.

그러므로 성경과 침묵과 영적인 인도자는 하나님과 친밀한 관계를 맺는 가장 개인적인 길을 찾는 데 중요한 세 가지 길잡이입니다. 우리가 성경을 끊임없이 묵상하고 얼마간의 시간을 따로 떼어 하나님의 임재 안에 잠잠히 있고 또 말씀과 침묵을 체험하는 일에 있어서 영적인 인도자를 기꺼이 따르고자 할 때, 우리는 새로운 환상을 만들어내는 것을 막을 수 있고 마음에서 우러나오는 기도로 향하는 길을 열 수 있습니다.

진실한 삶을 돕는 영적 안내자

신실한 인내심을 갖고서 하나님을 향해 발돋움하고자 하는 그리스도인이라면 살아가면서 어느 때인가 그들의 안내자가 될 사람을 실제로 찾을 것입니다. 하지만 영적인 인도는 일대일 관계에만 국한되지는 않습니다.

역사 속에서 자기의 삶을 기도에 바친 많은 그리스도인들의 영적인 지혜는 오늘날 기독교에 남아 있는 다양한 전통이나 생활 방식이나 영성 속에 보존되어 기억되고 있습니다. 사실 우리가 최초로 만난 가장 영향력 있는 안내자는 대부분의 경우 기도 습관과 예배 형식, 또 주위에서 하나님에 대해 말하는 방식입니다.

각각의 영적인 환경은 나름대로의 강조점을 갖고 있습니다. 어떤 곳에서는 침묵을 강조하고 다른 곳에서는 성경 공부를 강조합니다. 어떤 곳에서는 개인 묵상이 중심을 차지하고 다른 곳에서는 공동 예배가 중심이 됩니다. 어떤 곳에서는 가난이 화두인 반면 다른 곳에서는 순종이 그렇습니다. 어떤 곳에서는 신비한 체험이 신앙의 완성에 이르는 길이라고 하는 반면 다른 곳에서는 평범한 일상 생활이 완성에 이르는 길이라고 합니다. 대부분의 강조점은 그 새로운 영성이 시작된 시대가 언제냐, 또 영성에 주된 영감을 주는 사람의 개인적인 특성이 무엇이었느냐, 그 영성이 특별히 어떤 필요에 대해서 나타난 것이냐에 달려 있습니다.

대개 이런 여러 가지 영성은 깊은 통찰력을 지니고서 큰 영향을 끼친 역사상의 인물들과 관련이 있기에 우리는 그들을 우리의 실제적인 안내자로 삼아 우리만의 길을 찾을 수 있습니다. 성 베네딕투스, 성 프란체스코, 성 도미니쿠스, 이그나티우스의 로욜라,

프랑소아 드 살, 조지 폭스, 존 웨슬리, 헨리 마틴, 존 헨리 뉴먼, 키에르케고르, 샤를르 드 푸코, 다그 하마숄드, 마틴 루터 킹, 토머스 머튼 등을 비롯한 수많은 사람들의 삶과 그 제자들, 진실한 학생들의 삶은 가슴에서 우러나오는 기도를 찾을 수 있는 기준과 방향성을 알려줍니다.

> 일전에 만났던 매우 수줍어하고 내성적인 한 사람이 생각난다. 아주 똑똑한 사람이었는데 그에게는 세계가 너무나 큰 것처럼 보였다. 뭔가 대단하고 특별한 일을 하자는 제안을 받으면 그는 겁을 냈다. 그에게는 일상 생활의 사소한 현실을 성실하게 살아내는 작은 방법이 기도였다. 자신의 영적 안내자인 리지유의 테레사에 대해 말할 때 그의 눈은 빛났고 얼굴은 기쁨으로 가득 차 보였다. 하지만 좀 더 열정적인 그의 동료는 사막의 안토니우스나 클레르보의 성 베르나르두스 같은 다른 위대한 성인들을 안내자로 삼아 진정한 영적인 삶을 찾는 자신의 탐구에 필요한 도움을 얻고 싶어했다.

감화를 주는 이런 안내자들이 없다면 자신의 길을 찾으려는 열정을 계속 지켜나가기는 매우 어렵습니다. 그것은 어렵고 외로운 추구이기에 끊임없이 새로운 통찰과 뒷받침과 인내하는 데 힘을 주는 위로가 필요합니다. 역사 속에서 정말 위대했던 성도들은 우리가 그들을 그대로 따라하기를 바라지 않습니다. 그들의 길은 독특한 것으로서 거듭될 수 없습니다. 하지만 그들은 우리를 자신의 삶으로 초대해서 우리 각자의 삶을 추구할 수 있도록 따뜻한 자리를 마련해줍니다.

그들 가운데 어떤 이들에 대해서는 흥미를 잃게 되고 불편함을 느끼고 또 어떤 이들에 대해서는 짜증이 날지도 모릅니다. 하지만 몇 사람 혹은 아마도 한두 사람쯤, 우리 마음의 언어로 말하고 우리에게 용기를 주는 사람을 역사상의 인물들 중에서 찾을 수 있을지 모릅니다. 이들이 우리의 안내자들입니다. 그들은 자신의 삶을 본뜨게 하려는 것이 아니라 우리가 그들처럼 진실하게 삶을 살아가도록 돕기 위한 안내자들입니다. 이런 안내자들을 찾았다면 감사하게 여기며 그들이 말하려고 하는 것에 당연히 귀기울여야 합니다.

어떤 순례자의 길

기도 방식과 하나님께 나아가는 방법들 가운데서 비교적 덜 알려지긴 했어도 우리 시대의 영적 분위기와 특별한 관련이 있을 법한 한 가지 방식이 있습니다. 그것은 동방정교회의 오랜 영적 전통 중 하나인 헤시카주의의 영성입니다. 헤시카즘은 영어판 「*The Way of a Pilgrim* 어떤 순례자의 길」[2]의 발간을 계기로 최근에야 서방에서 관심을 끌었습니다. 여러 가지 영적 방법들에 대해서 짤막하게 다루기보다는 한 방법만 소상하게 논하는 것이 더 유익하리라 생각됩니다. 그래서 헤시카주의자들의 방법을 다루고자 합니다.

이것이 유익한 것은 헤시카주의는 이제까지 말한 많은 것을 구체적으로 보여주기 때문만이 아니라 헤시카주의가 말하는 내용 중에는 아주 현대적인 색채가 있기 때문이기도 합니다. 우리는 모두 하나님께 발돋움하는 독특한 방법의 기도인 마음의 기도를 부지런하고 끈기 있게 찾도록 부름을 받았습니다. 헤시카주의는 마음의 기도를 중심 개념으로 삼고 있으며 기도에 아주 구체적인 내용을 부여하고 그런 기도를 실현하는 분명한 지침을 제공하고 있습니다.

그러면 헤시카주의란 무엇일까요? 헤시카주의는 5세기에 시작된 영적 전통으로 시내 산 수도원과 나중에는 아토스 산 수도원에서 발전했으며 영적인 부흥기에 접어든 19세기의 러시아에서 아주 활발하게 살아났습니다. 그리고 현대에는 서양인들에게 매우 가치 있는 기도 '학파'로 점차 재발견되고 있습니다. 헤시카주의 전통을 가장 심오하게 표현해주고 있는 것은 "주 예수 그리스도시여 제게 자비를 베푸소서"라는 짧은 문구의 예수 기도문입니다. 티모시 웨어Timothy Ware는 그 예수 기도문에 대해 이렇게 말합니다.

> 이 몇 마디 안 되는 단어에 기초하여 수세기 동안 많은 정교도 신자들은 영적인 삶을 쌓아왔으며 이 한 가지 기도문을 통해 그들은 기독교 지식의 가장 깊은 신비 가운데로 들어갔다.[3]

무명의 한 러시아 농부의 특이한 이야기에 귀를 기울이는 것보다 더 단순하고 생생하게 헤시카주의와 예수 기도문의 풍부함을 이해하는 방법은 없을 것입니다. 그는 성장의 신비함과 내적인 기쁨을 가지고서 예수 기도문의 엄청난 열매들을 발견하면서 광활한 러시아 땅을 돌아다녔습니다. 「어떤 순례자의 길」에는 그 러시아 농부의 이야기가 적혀 있는데 아마도 여행 중에 그를 만났던 한 러시아 수도사가 쓴 듯합니다.

> 몇 년 전 나는 가까운 친구 두 명과 함께 3일 동안 피정을 하면서 지냈다. 대부분 우리는 침묵을 지켰으나 저녁을 먹고 난 후에는 그 순례자의 이야기를 돌아가면서 낭독했다. 놀랍게도 이 유쾌하고 매력적인 경건 서적은 우리에게 심오한 영향을 끼쳤으며 우리가 심히 불안하고 소란스러운 생활의 한가운데서도 기도할 수 있는 아주 간단하고 새로운 길을 열어주었다. 우리는 지금도 그 며칠을 "그 순례자와 함께 지낸 며칠"이라고 말한다.

「어떤 순례자의 길」에는 그 러시아 농부가 여러 마을과 교회, 여러 수도사들을 찾아다니며 쉬지 않고 기도하는(살전 5:17 참조) 방법을 알아내려고 했던 내용이 나와 있습니다. 수많은 설교를 듣고 많은 사람들의 조언을 받고서도 아무 해답도 얻지 못했던 그는 한 거룩한 수도사를 만나서 그에게서 예수 기도문에 대해 배웁니다. 이 수도사는 먼저 그에게 당시에 신新신학자였던 시몬의 말을 읽어줍니다.

> 혼자 잠잠히 앉아 있으라. 머리를 숙인 채 눈을 감고 부드럽게 숨을 내쉬면서 자신의 마음을 들여다보고 있다고 상상하라. 당신의 지성, 즉 당신의 사고를 머리에서부터 가슴으로 옮기라. 숨을 내쉬면서 이렇게 말하라. "주 예수 그리스도시여, 제게 자비를 베푸소서." 입술을 가볍게 움직이면서 당신의 생각으로 이렇게 말하라. 다른 생각은 모두 떨쳐버리도록 하라. 조용하게, 인내를 갖고 이 과정을 자주 거듭하라.[4]

그 러시아 농부에게 이 글을 읽어준 다음에 그 수도사는 이 예수 기도문을 하루에 3천 번씩, 그 다음에는 6천 번, 그 다음에는 1만2천 번, 그리고 결국에는 하고 싶은 만큼 수없이 반복하라고 일러주었습니다. 이 순례자는 스승을 찾은 것에 아주 만족하여 그의 가르침을 신중하게 따릅니다. 그 순례자는 이렇게 말하고 있습니다.

> 이 지침에 따라 나는 쉬지 않고 입으로 예수 그리스도에게 기도하면서 여름을 보냈으며 영혼의 절대적인 평안을 느꼈다. 잠을 자면서도 나는 그 기도문을 말하고 있는 꿈을 자주 꾸었다. 깨어 있을 때에 사람을 만나면 한 사람도 예외없이 누구나 가

장 가까운 친척이라도 되는 양 내게는 그들이 소중하게 느껴졌다 … 나는 기도 외에는 어떤 것에 대해서도 생각하지 않았고 때로는 나 스스로 어떤 확실한 따뜻함과 기쁨을 가슴 깊이 느끼기 시작했다.[5]

그 거룩한 수도사가 죽은 후에 농부는 그 기도문을 외우며 이 마을 저 마을로 돌아다녔습니다. 기도문은 그에게 새로운 힘을 주어 순례 생활 중에 일어나는 모든 역경을 감당하고 모든 고통을 기쁨으로 바꿀 수 있게 해주었습니다.

어떤 때는 하루에 거의 70킬로미터나 돌아다니지만 내가 걷고 있다는 것조차 느끼지 못한다. 내가 기도문을 말하고 있다는 사실만을 의식한다. 살을 에이는 추위가 내게 엄습할 때에는 더 진지하게 기도문을 말하기 시작하고 그러면 곧 몸 전체가 따뜻해진다. 허기가 밀려오기 시작할 때에는 예수님의 이름을 더 많이 부르면 음식에 대한 생각을 잊는다. 병이 들거나 등과 다리가 류머티즘으로 욱신거릴 때 그 기도문에 생각을 집중시키면 고통이 느껴지지 않는다. 누가 나를 해친다 할지라도 오로지 '예수 기도문은 참으로 아름답구나!' 라고 생각만 하면 상처나 분노는 모두 사그라들고 나는 그 모든 것을 잊는다.[6]

하지만 그 순례자에게는 환상이 전혀 없습니다. 이런 일들에도 불구하고 그는 자신의 기도문이 아직은 온전한 의미에서 마음의 기도문이 되지 않았다는 점을 깨닫고 있습니다. 그 수도사는 이 모든 체험이 '같은 행동을 반복적으로 할 때 아주 자연스레 나타나는 인위적인 상태'[7]의 일부분임을 이미 그에게 말한 바 있었습니다. 마음에서 우러나오는 기도를 위해서 "나는 하나님의 때를 기다린다"고 그는 말하고 있습니다. 할 일을 찾고 묵을 곳을 여러 번 찾고자 했으나 뜻대로 되지 않자 그는 시베리아의 이르쿠츠크에 있는 성 이노켄티우스의 무덤으로 가기로 합니다.

> 시베리아의 숲과 대초원에서라면 훨씬 잠잠한 가운데서 순례를 할 수 있으며, 기도와 말씀 읽기에 더 좋을 것이라는 생각이 들었다. 그래서 나는 이 여정을 시작했고 그래서 입으로 그 기도문을 내내 외웠다.[8]

이 순례자가 마음의 기도를 처음으로 체험한 것이 바로 이 여행에서였습니다. 아주 생생하고 단순하며 직접적인 말로 그는 그 일이 일어난 경위와 그 일을 통해서 예수님과 가장 가까운 관계를 갖게 된 사정에 대해서 말하고 있습니다.

> 얼마 지나지 않아 기도가 저절로 내 입술에서 흘러나와 가슴으로 옮겨간다는 느낌이 들었다. 다시 말하자면 마치 내 가슴은 정상적으로 뛰고 있으면서도 박동할 때마다 그 기도문을

말하기 시작하는 것 같았다 … 나는 입술로 그 기도문을 말하는 것을 그만두었다. 다만 내 마음이 말하고 있는 것에 주의 깊게 귀를 기울였다. 내가 그 안을 들여다보고 있는 것만 같았다. … 그때 나는 가슴 속에서 어떤 고통 같은 것을 느꼈으며 머리 속으로는 예수 그리스도에 대한 너무나도 큰 사랑을 느꼈다. 그래서 나는, 내가 그분을 뵐 수만 있다면 그 발 앞에 엎드려 떠나지 못하게 붙잡았고 그 발에 부드럽게 입을 맞추고는 그 사랑과 은혜로 가치 없고 죄 많은 존재인 나에게 그분의 이름 안에 있는 그 크신 위로를 발견하게 하신 것에 대해서 눈물로 감사드리는 모습을 그려보았다. 그뿐만 아니라 포근하고 따스한 느낌이 내 심장 속으로 스며들어 내 가슴 구석구석으로 퍼져갔다.[9]

가슴에서 우러나오는 기도는 그 순례자에게 엄청난 기쁨을 주었고 하나님의 임재를 말로 표현할 수 없을 정도로 체험하게 해주었습니다. 그 다음부터 그는 어디를 가고 누구를 만나든지 자기 속에 계시는 하나님에 대해서 말하지 않을 수 없었습니다. 그는 사람들을 회심시키려고 애쓰거나 그들의 행동을 바꾸려고 하지 않았고 단지 언제나 침묵과 고독을 찾으려 했는데도 불구하고 그를 만난 사람들은 그에게 또 그의 말에 깊이 감동을 받았고 자신들의 삶에서 하나님을 다시 발견하게 됩니다. 이렇게 자기 죄를 고백하고 끊임없이 자비를 구하는 것을 통해서 자기가 하나님과 멀리 떨어져 있음을 깨닫게 된 이 순례자는 자신이 가장 친밀한 교제를 하면서 이 세상을 여행하고 있다는 것과 자기가 다른 사람들을 불러 거기에 동참하도록 하고 있음을 깨닫게 됩니다.

생각이 마음과 하나됨

우리가 이 러시아 농부의 흥미 있는 이야기에만 머무르고 그 이야기에 나타난 19세기 낭만주의의 매력에만 혹한다면 우리는 샐린저(J. D. Salinger: 미국의 소설가. 대표작으로 「호밀밭의 파수꾼」이 있으며 「프래니와 주이」도 그의 작품 가운데 하나이다–역주)의 소설에 나오는 프래니Franny와 주이Zooey가 그랬듯이 정신적인 혼란에 빠질 수밖에 없을 것입니다.[10]

그러나 이 순례자의 이야기는 19세기 러시아의 헤시카즘의 깊은 신비주의적 조류 중 하나의 잔물결에 지나지 않습니다. 이 흐름이 참으로 깊고 강력했다는 점은 「*The Art of Prayer* 기도의 기술」이라는 책에서 나타납니다. 토머스 머튼이 애독했던 이 책은 마음의 기도를 모아놓은 그리스 정교도의 기도 모음집입니다. 캐리탄 발람Chariton of Valams이 그 기도들을 모았으며 19세기 러시아의 영적인 저술가들, 특히 은둔자 테오판 주교의 작품을 발췌해서 담고 있습니다. 이 책은 신비주의적인 기도를 풍부하게 담고 있으며 내면 자아의 중심으로부터 하나님께로 발돋움할 수 있는 아주 구체적인 길을 보여줍니다. 그 책에서 은둔자 테오판은 자기에게 지도를 구했던 많은 사람 가운데 한 사람에게 이렇게 말합니다.

> 자네에게 한 가지만 일깨워주려 하네. 우리의 생각은 마음으로 내려가 그것과 하나가 되어야 하네. 그리고 거기에서 우리와 항상 함께 계시며 모든 것을 들여다보고 계시는 주님의 얼굴 앞에 서게나. 작은 불꽃이라도 마음에서 타기 시작하면 그 기도는 확고하고 꾸준한 자리를 잡게 된다네. 그 불을 꺼뜨리지 않도록 하게나. 그러면 그 기도가 마침내 정착되어 저절로 되풀이 된다네. 그때 자네 안에는 졸졸 흐르는 작은 시냇물이 생길걸세.[11]

생각과 마음이 하나가 된 채로 하나님의 임재 가운데 서 있는 것, 그것은 마음의 기도의 가장 본질적인 면입니다. 테오판은 마음의 기도가 우리의 모든 존재를 통일시켜주며 아무런 조건 없이 우리가 하나님의 두렵고도 사랑에 넘친 임재 가운데 마음과 정신이 하나가 된다는 점을 아주 간결한 방식으로 표현합니다.

기도가 머리로만 하는 지적인 활동에 불과하다면 우리는 곧 하나님과 아무런 유익도 없는 하찮은 논쟁을 하면서 신경을 곤두세우게 될 것입니다. 그 반대로 오로지 가슴으로만 기도를 드린다면 우리는 곧 좋은 기도란 좋은 느낌에 있다고 생각할 것입니다. 하지만 심오한 의미의 마음의 기도는 하나님이 주시는 사랑의 친밀함 속에서 지성과 가슴을 하나로 묶어줍니다.

그 순례자가 말하고 있는 것이 바로 이런 기도에 대한 것입니다. 그것을 통해 그는 그 시대의 영적인 아버지들의 심오한 지혜를 자기 나름의 매력적인 순수한 양식으로 표현하고 있습니다. "주 예수 그리스도여, 제게 자비를 베푸소서"라는 표현 속에서 우리는 모든 기도를 요약하고 있는 어떤 힘을 발견합니다. 이 기도는 하나님의 아들이시고 우리를 위해 사시고 죽으시고 부활하신 예수님에게 향하고 있습니다. 또 그분이 기름부음 받은 자인 메시아로서 우리가 기다리고 있는 그리스도이심을 선포하고 있습니다.

또 이 기도문은 그분이 우리의 전 존재인 몸과 마음과 영과 생각과 감정과 행동의 주님이라고 부르고 있으며 우리의 죄를 자백하고 그분의 용서와 자비와 동정과 사랑과 온유함을 겸손하게 구함으로써 그분과 우리의 깊은 관계를 분명히 밝히고 있습니다.[12]

또한 마음의 기도는 하나님과 친밀한 관계를 갖기 위해 자기 나름의 독특한 길을 찾는 오늘날의 그리스도인들의 특별한 길잡이가 될 수 있습니다. 그 어느 때보다 우리는 빠르게 변하고 있는 세계 속에서 방황하는 이방인들처럼 느껴집니다. 하지만 우리는 이 세상에서 도망치고 싶어하지는 않습니다. 대신 세차게 휘몰아치는 세파 속에 빠져버리지 않고 온전히 세상의 일부가 되고자 합니다.

우리는 내면이 산산조각나서 마비되어버리는 일 없이 주위에서 벌어지는 모든 일들을 분명히 의식하면서 그것을 받아들이고자 합니다. 우리는 새로운 땅으로 우리를 부르신 분과 접촉이 끊어지는 일 없이 두 눈을 똑바로 뜬 채 이 눈물의 골짜기를 지나가려고 합니다. 우리는 길을 가다 만나는 사람들, 또 우리에게 환대받으며 머물 자리를 구하는 사람들에게 사랑을 베풀면서도 하나님의 친밀한 사랑에 든든하게 뿌리를 박은 채로 있기를 원합니다.

가슴에서 우러나오는 사랑은 우리에게 한 가지 가능한 길을 보여줍니다. 정말로 그것은 일상의 많은 물결 밑으로 계속해서 졸졸 흐르는 시냇물과도 같습니다. 또 그것은 이 세상에 살면서도 세상에 속하지 않으며 자기 고독의 중심으로부터 하나님께로 발돋움하는 가능성을 열어줍니다.

순례의 길을 가면서도 편안한 느낌

마음에서 우러나오는 기도를 하려면 무엇보다도 하나님이 우리의 유일한 사고가 되어야 합니다. 이 말은 우리의 생각을 흐트러뜨리는 모든 것, 관심사, 걱정, 열중해 있는 다른 모든 것을 떨쳐버리고 하나님으로만 우리 생각을 가득 채워야 한다는 것입니다. 예수님의 기도나 다른 모든 기도문은 우리의 생각으로부터 하나님 아닌 모든 것을 조용히 비워내서 모든 자리를 하나님께, 오로지 하나님께만 드리는 데 도움을 주기 위한 것입니다.

그렇지만 그것이 전부는 아닙니다. 우리가 내면 존재의 중심에 하나님으로 가득 찬 우리의 생각이 내려와 사라져버릴 수 있는 빈자리를 마련할 때 우리의 기도는 마음에서 우러나오는 기도가 됩니다. 그 자리에서는 생각과 느낌의 차이, 아는 것과 겪은 것의 차이, 사고와 감정의 차이가 없어지고 하나님이 우리의 주인이 될 수 있습니다. "하나님의 나라는 너희 안에 있느니라"(눅 17:21)고 예수님은 말씀하셨습니다. 마음에서 우러나오는 기도는 이 말씀을 진지하게 받아들입니다.

우리가 우리의 생각에서 모든 사고들을 비워내고 마음에서 모든 경험을 비워낼 때 우리는 우리 안에 거하길 원하시는 하나님의 집을 내면 존재의 중심에 마련할 수 있습니다. 그때 우리는 바울처럼 "이제는 내가 산 것이 아니요 오직 내 안에 그리스도께서 사신 것이라"(갈 2:20)고 말할 수 있습니다. 그때는 루터가 말했던 "은혜는 경험으로부터 구원받는 경험이다"라는 사실을 확인할 수 있습니다. 그때 우리는 우리가 기도하는 것이 아니라 하나님의 영이 우리 안에서 기도하신다는 사실을 깨달을 수 있습니다.

> 초대 교회의 한 교부는 이렇게 말했다. "도둑이 어떤 집에 살그머니 들어가 그 집의 물건을 훔치려고 하다가 집안에서 이야기 소리가 들리자 감히 그 집에 들어가지 못한다. 마찬가지로 우리의 대적이 우리의 영혼을 훔치고 그것을 차지하려고 몰래 숨어 들어오려다가 … 기도가 솟아나는 소리를 들으면 무서워서 감히 들어오지 못한다."[13]

우리의 마음이 하나님께 속해 있을 때 세상과 그 세력은 우리의 마음을 훔쳐갈 수 없습니다. 하나님이 우리 마음의 주가 되실 때 우리의 근본적인 소외는 극복되고 우리는 시편 기자처럼 이렇게 기도할 수 있습니다.

> 주께서 내 장부를 지으시며
> 나의 모태에서 나를 조직하셨나이다
> 내가 주께 감사하옴은
> 나를 지으심이 신묘막측하심이라
> 주의 행사가 기이함을 내 영혼이 잘 아나이다(시 139:13-14)

하나님이 우리의 목자요 피난처요 산성이 되실 때 우리는 깨진 세상 가운데서 그분께로 발돋움할 수 있으며 순례의 길을 가면서도 편안함을 느낄 수 있습니다. 하나님이 우리 안에 거하시면 하나님이 우리를 위해 예비해두신 집(요 14:2)으로 이끄실 날을 기다리면서 그분과의 말없는 대화로 들어갈 수 있습니다. 그러면 우리는 이미 이르렀으면서도 기다릴 수 있고 받았어도 구할 수 있습니다. 그러면 정말 바울이 했던 다음의 말로 서로를 위로할 수 있습니다.

> 아무것도 염려하지 말고 오직 모든 일에 기도와 간구로, 너희 구할 것을 감사함으로 하나님께 아뢰라. 그리하면 모든 지각에 뛰어난 하나님의 평강이 그리스도 예수 안에서 너희 마음과 생각을 지키시리라(빌 4:6-7)

Reaching Out 9

공동체와 기도

신앙 공동체에서 우리는 함께 참아낼 수 있으며,
매일의 고난을 통해 자신의 환상을 통회한 자의 기도로
바꿀 수 있습니다. 신앙 공동체는 실상 모든
기도의 토양과 근원이 되는 곳입니다.

환상에서 기도로의 발돋움

환상에서 기도를 향해 움직이기 위해서는 우리를 묶고 있던 모든 거짓된 속박에서 점차 벗어나서, 모든 선한 것을 주시는 그분께 점점 더 복종해야 합니다. 안전한 장소가 그릇된 안전을 주며 미지의 곳이 구원을 주시는 하나님과의 친밀함을 약속해준다는 점을 안다 할지라도, 안전한 장소에서 미지의 곳으로 움직이는 데에는 용기가 필요합니다. 친숙한 것을 포기하고, 팔을 벌려 우리가 정신적으로 붙들고 매달리는 모든 것을 초월하시는 그분을 향해 발돋움하면 우리는 매우 상처받기 쉬운 위치에 있게 됩니다. 환상에 집착하면 불완전한 삶을 살게 되지만 사랑 안에서 항복하면 십자가에 이르게 될 것이라는 점을 어디에선가 알게 됩니다. 예수님의 길은 사랑의 길이었지만 고난의 길이기도 했습니다. 베드로에게 예수님은 이렇게 말씀하셨습니다.

> 내가 진실로 진실로 네게 이르노니 젊어서는 네가 스스로 띠 띠고 원하는 곳으로 다녔거니와 늙어서는 네 팔을 벌리리니 남이 네게 띠 띠우고 원치 아니하는 곳으로 데려가리라(요 21:18)

스스로를 통제할 수 있다는 환상을 버리고 하나님에게 팔을 뻗을 수 있으면 그것은 우리가 영적으로 성숙했다는 증거입니다. 하지만 하나님께 발돋움하면 아픔과 고생에서 해방될 것이라고 생각하는 것은 또 다른 환상에 지나지 않을 것입니다. 사실 우리가 다다르는 곳은 별로 달갑지 않은 곳이 대부분일 것입니다. 하지만 거기에 가지 않고서는 생명을 찾을 수 없으리라는 사실을 우리는 압니다. "… 제 목숨을 잃으면 찾으리라"(마 16:25)고 예수님은 말씀하시면서 사랑은 고통 속에서 정결케 된다는 점을 일깨워 주십니다.

그러므로 기도란 결코 달콤하거나 쉬운 것이 아닙니다. 기도는 우리의 가장 큰 사랑을 표현하는 것이기에 우리에게서 고통을 없애주지 않습니다. 오히려 기도는 더 고난을 줍니다. 하나님을 향한 우리의 사랑은 고난당하시는 하나님에 대한 사랑이고, 우리가 느끼게 되는 하나님과의 친밀함은 그분이 사랑으로 인간의 모든 고통을 품으시는 친밀함이기 때문입니다. 우리의 기도가 얼마만큼이나 마음에서 우러나오는 기도가 되느냐에 따라 우리는 더 많이 사랑하고 더 많이 고난받을 것이고 더 많은 빛과 더 많은 어둠을 볼 것입니다. 그리고 더 많은 은혜와 더 많은 죄를 깨닫게 되고 하나님과 인간에 대해서 더 많이 알게 될 것입니다. 마음 속 깊이 하나님을 향해 발돋움할수록 고독은 고독을 향해 말할 수 있고 깊음은 깊음을 향해, 마음은 마음을 향해 말할 수 있습니다. 그때에야 비로소 사랑과 고통을 함께 발견할 수 있습니다.

두 번에 걸쳐서, 예수님은 가장 가까운 친구들인 베드로와 요한과 야고보를 부르셔서 그분이 하신 아주 친밀한 기도에 함께하게 하셨습니다. 첫번째로 예수님은 그들을 다볼 산 꼭대기로 데리고 가셨으며 그들은 거기서 예수님의 얼굴이 해같이 빛나는 것과 그분의 옷이 빛과 같이 희어진 것을 보았습니다(마 17:2). 두번째는 그들을 겟세마네 동산으로 데리고 가셨으며 그들은 그곳에서 예수님이 번민하시는 모습과 땀방울이 핏방울처럼 땅에 떨어지는 것을 보았습니다(눅22:44). 우리 마음의 기도는 우리를 변화산과 겟세마네 동산 두 곳으로 모두 이끕니다. 영광 중에 계신 하나님을 보았다면 비참함 가운데 있는 하나님도 볼 것입니다. 모욕 당하신 그분의 추한 모습을 보았다면 변화된 그분의 아름다운 모습도 볼 것입니다.

헤시카주의자들은 나뉠 수 없는 기도의 이 두 측면을 언제나 잘 깨닫고 있었습니다. 그들은 기도에서의 초연함을 강조하면서도, 모세가 시내 산에서 빛을 받은 것과 예수님이 다볼 산에서 변화되신 것이 기도의 극치라고 말하는 데 주저하지 않았습니다. 은둔자 테오판은 이렇게 쓰고 있습니다.

> 이미 회개한 사람은 주님을 향해 순례의 길을 간다. 하나님을 향한 길은 생각과 마음에서 이루어지는 내면의 여정이다. 생각에서의 이성과 마음의 성향을 조율하여서 사람의 영이 마치 하나님과 하나가 된 듯이 언제나 하나님과 함께 하도록 하는 것이 꼭 필요하다. 이렇게 마음이 조율된 사람은 내면의 빛에 의해 끊임없이 비전을 받으며 영적인 광휘의 빛줄기를 자기 속에 받는데… 이는 마치 모세의 얼굴이 하나님의 빛을 받아 시내 산에서 영광스러워지는 것과 같다.[1]

소망 가운데서 끈기 있게 기다리는 것은 영적인 삶의 기초입니다. 하지만 이 기다림이 기쁨으로 충만한 것임을 아는 것은 기도를 통해서 우리가 기다리고 있는 그분의 영광을 이미 보기 때문입니다.

다른 사람과 나누는 기도

기도에 대해서 이제까지 말한 대부분의 내용은 기도가 혼자만의 개인적인 일이고 비밀에 가까운 것이라는 인상을 주며, 지나치게 개인적이고 내면의 삶에 깊숙이 숨겨져 있는 것이기에 대화의 주제가 되거나 다른 사람과 나누기 힘든 것이라는 잘못된 인상을 주었을지도 모릅니다. 하지만 사실은 정반대입니다. 기도가 바로 개인적인 것이고 또 우리 삶의 중심으로부터 솟아나는 것이기 때문에 오히려 다른 사람과 나누어야 합니다.

기도는 인간됨의 가장 귀중한 표현이기 때문에 기도를 자라나게 하고 꽃필 수 있게 하는 공동체의 끊임없는 뒷받침과 보호가 있어야 합니다. 기도는 조심스러운 관심과 성실한 인내를 필요로 하는 가장 고상한 소명이기 때문에 기도를 사적인 일로 치부해버릴 수 없습니다. 기도에는 기대 가운데서 끈기 있게 기다리는 인내심이 있어야 하기에 기도는 결코 가장 개인적인 감정을 가장 개인적으로 표현하는 것이어서는 안 되며, 언제나 우리가 속한 공동체의 삶에 뿌리를 박고 있어야 합니다.

우리가 혼자서만 기다릴 필요가 없다는 것을 알지 못한다면 소망과 기쁨의 심정으로 하나님을 기다리는 것인 기도는 참으로 비인간적이고 초인간적인 일이 됩니다. 신앙 공동체에서 우리는 자신의 기도를 계속 하게 해주고 깊이 있게 해주는 분위기와 토대를 발견하고, 조급해지기도 하고 편협해지기도 하는 개인적인 욕구 너머에 있는 것들을 끊임없이 기대할 수 있습니다. 신앙 공동체는 우리에게 어떤 범위 내에서 자신의 깊디깊은 갈망에 귀를 기울일 수 있는 보호 영역을 제공합니다. 우리의 귀기울임은 병적인 자기 성찰에 빠지기 위해서가 아니라 그 갈망들이 가리키고 있는 하나님을 발견하기 위한 것입니다.

신앙 공동체에서 우리는 스스로의 외로움, 포옹하고 입맞추고 싶은 욕구나 성적인 충동, 연민이나 동정, 혹은 단순히 따뜻한 말을 듣고자 하는 갈망에 귀기울일 수 있습니다. 또 어떤 통찰을 얻고자 하는 우리의 사귐과 우정에 대한 바람에 귀기울일 수 있습니다. 신앙 공동체 안에서는 이 모든 갈망에 귀기울일 수 있고, 용기를 얻어 그것들을 피하거나 덮어두는 대신 그 가운데 있는 하나님의 임재를 분별하기 위해 그것들과 맞부딪칠 수 있습니다. 또한 신앙 공동체 속에서는 하나님과의 최초의 친밀함이 기다리는 중에 발견된다는 깨달음을 서로 확증해줄 수 있습니다. 신앙 공동체에서 우리는 함께 참아낼 수 있으며, 매일의 고난을 통해 자신의 환상을 통회한 자의 기도로 바꿀 수 있습니다. 신앙 공동체는 실상 모든 기도의 토양과 근원이 되는 곳입니다.

서로를 위한 존재가 아니라 하나님을 위한 존재

'공동체' 라는 말은 보통 소속감을 주는, 함께함의 한 방식을 가리킵니다. 학생들은 공동체의 일체감을 학교에서 별로 경험하지 못한다고 가끔 불평합니다. 목사들과 신부들은 교구에서 어떻게 하면 더 좋은 공동체를 만들어낼 수 있을까 생각합니다. 또 사회복지사들은 현대적인 삶이 가져다주는 소외의 영향에 대해 고심하면서, 자기들이 일하고 있는 지역에서 공동체를 이루고자 열심히 노력합니다. 이런 모든 상황에서 '공동체' 란 말은 사람들이 큰 무리의 의미 있는 일원으로서 자신들을 경험할 수 있게 해주는 함께함의 한 방식입니다.

그리스도인 공동체에 대해서도 마찬가지 의미의 얘기를 할 수는 있지만, 그리스도인의 공동체는 기다리는 공동체라는 점을 기억하는 것이 중요합니다. 즉, 그리스도인의 공동체는 소속감뿐만 아니라 소외감도 생기게 하는 공동체라는 점입니다. 그리스도인의 공동체에서 우리는 서로에게 이렇게 말합니다. "우리는 함께 있지만 서로를 만족시킬 수는 없습니다. … 우리는 서로를 돕지만 그러면서도 우리가 서로에게 일깨워주어야 할 점은 우리의 운명은 우리의 함께 있음 너머에 있다는 것입니다."

그리스도인 공동체가 도움이 되는 것은 공통의 소망 안에서 버팀목이 되어주는 것입니다. 그러기 위해서는 공동체를 안전한 피난처로 삼거나 아늑함을 추구하는 집단으로 삼으려는 이들을 끊임없이 비판하고 앞으로 올 것을 바라보도록 계속해서 격려해야 합니다.

그리스도인 공동체의 바탕은 가족의 유대나 사회 경제적인 동질성, 동일한 압박을 받고 있거나 동일한 불만을 품고 있다는 사실, 또는 서로에 대한 끌림 등이 아니라 하나님의 부르심입니다. 그리스도인의 공동체는 사람이 노력해서 만든 것이 아닙니다. 하나님이 우리를 부르시고 그의 백성을 삼으셔서 우리를 '애굽' 에서 '새로운 땅' 으로, 광야에서 기름진 땅으로, 노예 신분에서 자유인으로, 죄에서 구원으로, 구속에서 자유로 옮겨주셨습니다. 이 모든 말과 상징이 표현하고 있는 것은 주도권이 하나님께 있다는 사실과 동시에 하나님이 우리의 새 생명의 근원이라는 사실입니다. 새 예루살렘으로 함께 부름받았다는 사실 때문에 우리는 서로를 여행 중에 있는 형제와 자매로 인정합니다. 그러므로 하나님의 백성으로서 우리는 에클레시아(헬라어 칼레오〔부름〕와 에크〔밖으로〕에서 유래됨)입니다. 즉, 옛 세상에서 새 세상으로 부름받은 공동체입니다.

오늘날 소외의 사슬을 끊어버리고자 하는 욕구가 너무나 강하기 때문에 우리는 그리스도인 공동체의 성원으로서 무엇보다 먼저 서로를 위한 존재가 아니라 하나님을 위한 존재라는 점을 서로에게 일깨워주어야 합니다. 우리의 눈은 서로를 향해서만 머물러서는 안 되고 우리 존재의 지평에서 떠오르기 시작하는 것을 바라보아야 합니다. 같은 소명을 따르고 같은 것을 추구함으로써 우리는 서로를 발견합니다. 그러므로 그리스도인의 공동체는 서로를 부둥켜안고 사는 폐쇄적인 집단이 아니라 주의를 기울여야 하는 공통의 목소리에 의해 함께 묶여서 앞으로 전진하는 동행자의 무리입니다.

익명으로 묻혀 살아가는 거대한 도시에서 우리는 '마음이 맞는' 사람들을 찾아 작은 공동체를 이루고자 합니다. 기도 모임, 성경 공부 모임, 가정 교회들은 모두 하나님의 백성에 속했다는 생각을 새롭게 불러일으키고 심사숙고하게 해주는 여러 방법들입니다. 하지만 어떤 때에는 잘못된 종류의 일체감이 공동체 의식을 편협하게 만들 수 있습니다.

우리는 모두 예수 그리스도의 정신을 품어야 합니다. 누구나 다 학교 선생님이나 목수, 은행 지점장, 국회의원, 그 외의 사회, 경제 혹은 정치 집단의 정신을 가질 필요는 없습니다. 여러 가지 다양한 배경을 지닌 사람들을 집에서 불러내어 예수 그리스도의 몸을 이루게 했던 옛날의 종탑에는 위대한 지혜가 숨겨져 있습니다. 바로 이렇게 수많은 개인 차를 초월해야만 하나님의 증인이 될 수 있습니다. 하나님은 가난한 자에게나 부자에게나 또 건강한 자에게나 병든 자에게나 빛을 비추시는 분이기 때문입니다. 하나님께로 나아가는 도중에 겪게 되는 이런 만남 속에서 이웃의 필요에 대해 의식하게 되고 서로의 상처를 치료하기 시작합니다.

> 지난 몇 년 간 나는 정기적으로 성찬식을 가지는 소규모의 학생 모임에 참여했다. 우리는 서로에게 아주 편안함을 느꼈으며 '우리 나름의 독특한 방식'을 찾았다. 우리가 부르는 노래와 사용하는 말과 서로 나누는 인사는 모두 너무나 자연스럽고 어울리는 것 같았다. 하지만 새로운 학생이 몇 명 더 들어왔을 때, 그들이 우리 방식대로 하기를 바라고 '우리가 여기서 하는 방식'에 따라오기를 바란다는 점을 발견했다. 우리가 예수 그리스도의 마음을 우리의 마음으로 대치해놓은 배타적인 무리가 되었다는 사실을 직시해야 했다. 그러고 나서 우리는 익숙한 방식을 포기하고 낯선 이들을 위해 자리를 마련해주며, 새

로운 공동 기도를 가능하게 만드는 일이 무척이나 힘들다는 사실을 알게 되었다.

교회를 항상 앞으로 나아가는 '순례하는 교회' 라고 부르는 것은 일리 있는 말입니다. 그러나 안락한 오아시스에 안주하고픈 유혹을 떨쳐버리기 힘든 까닭에 하나님의 부르심은 자꾸만 기억에서 사라지고 연합은 깨어집니다. 그런 때에는 개인들만이 아니라 무리 전체가 안전이라는 환상에 사로잡혀서 기도는 당파적인 일로 전락해버립니다.

오늘날 여러 단체에서 발전되고 사용되는 여러 사상과 개념과 기법이 그리스도인 공동체에는 신중하게 고려된 다음에야 적용될 수 있는 이유도 바로 이 때문입니다. 이상적인 그리스도인의 공동체를 '행복한 가정'이나 '감수성이 매우 발달한 사람들의 모임' 혹은 '행동 또는 압력 집단'으로 말한다면 그것은 단지 부차적인 특징을, 그리고 대부분의 경우는 일시적인 특징을 말하고 있을 뿐입니다.

다른 집단에서 유래된 여러 행동 양식과 기법을 그리스도인 공동체의 생활에 적용하는 것이 설사 도움이 된다 하더라도, 우리는 그리스도인의 공동체가 하나님이 만드신 백성이라는 자기 이해에 비추어 그 모든 것을 판단하려는 시도들을 통해 그런 양식과 기법들을 상대화해야 할 것입니다. 집단에 대한 심리학 연구와 사회학 연구에서 밝혀진 인간관계의 과정과 지도자 유형과 전략들은 실제로 그리스도인의 공동체 생활을 이해하는 데 새로운 통찰력을 줄 수 있습니다. 하지만 그리스도인 공동체의 독특한 성격 때문에 이런 연구결과들을 제한적으로밖에 적용할 수 없다는 점을 끊임없이 의식해야 합니다.

주님의 초림과 재림 사이에 살고 있는 그리스도인 공동체는 하나님이 만유 안의 만유가 되실 때를 기대하면서 인내심을 갖고 기다리는 것에 의미를 두고 있습니다. 신앙 공동체는 언제나 스스로를 넘어선 어떤 것을 지향하고 있으며 그 나름의 독특한 언어, 즉 기도라는 언어로 말하고 있습니다.

공동체 언어는 기도다

기도는 그리스도인 공동체의 언어입니다. 기도 속에서 공동체의 성격은 뚜렷하게 드러나게 됩니다. 기도 속에서 우리는 그 공동체를 이루신 분을 향하기 때문입니다. 우리는 서로를 향해 기도하는 것이 아니라 우리를 부르셔서 새로운 백성으로 만드신 하나님을 향해 모두 함께 기도합니다. 기도는 공동체가 하는 많은 일 가운데 하나가 아닙니다. 기도는 오히려 공동체의 본질입니다. 그런데 기도에 대한 많은 논의에서는 이 점이 심각하게 받아들여지고 있지 않습니다. 어떤 경우 그리스도인의 공동체는 교회의 사업과 계획으로 '너무 바빠서' 기도할 시간도 없고 분위기도 안 되어 있습니다. 이처럼 기도가 우선적인 관심사가 되지 못할 때, 또 공동체의 많은 활동이 기도의 한 부분으로 생각되거나 그렇게 경험

되지 않을 때 공동체는 같은 부르심이 아닌 같은 목적을 가진 단체로 쉽사리 전락해버립니다.

공동체는 기도를 통해서 표현될 뿐만 아니라 만들어집니다. 기도는 무엇보다도 그의 백성 가운데 있는 하나님의 임재를 구현하는 것이며 그렇기 때문에 공동체 그 자체를 구현하는 것입니다. 공동체는 말씀과 행위와 침묵을 통해서 가장 분명하고 가장 눈에 띄게 이루어집니다. 말씀을 들을 때 하나님의 구원의 역사를 이해할 뿐만 아니라 서로 간의 유대를 새롭게 경험합니다.

성찬대에 둘러서서 떡을 떼고 포도주를 마시고, 묵상하면서 무릎을 꿇거나 줄지어 걸을 때 인류 역사 속에서 행하신 하나님의 역사를 기억할 뿐만 아니라 바로 거기 우리와 함께하시는 그분의 창조적인 임재를 의식하게 됩니다. 침묵 기도를 하면서 함께 앉아 있을 때 마치 굴 어귀에 섰던 엘리야에게 말씀하셨던 것처럼(왕상 19:13) 우리가 기다리는 분이 이미 우리에게 말씀하고 계시다는 사실을 느낄 수 있습니다.

바로 그 같은 말씀과 행동과 침묵은 또한 그 공동체가 자기들이 기다리고 있는 그분께로 발돋움하는 방법이 됩니다. 우리가 듣는 말씀은 갈망의 말씀입니다. 먹고 마시는 조그만 한 덩이의 떡과 한 모금의 포도주를 통해 우리는 자신의 가장 깊은 굶주림과 목마름을 깨닫게 되고 또 침묵을 통해 우리를 부르시는 하나님의 음성에 더 민감해지게 됩니다. 그러므로 공동체의 기도는 공동체가 아직 온전함에 이르지 못했다는 것의 표현이며 하나님의 집에 이르고자 하는 바람의 표현이기도 합니다. 그래서 기도하는 공동체는 기다리는 동안에도 하나님의 임재를 축하하며 그분이 그들 가운데 이미 계시다는 사실을 인정하면서도 그분의 부재를 분명히 합니다. 이렇게 해서 하나님의 임재는 소망의 표지가 되고 하나님의 부재는 참회를 향한 부름이 됩니다.

그리스도인 공동체의 언어인 기도는 모국어와도 같습니다. 어린아이가 부모와 형제와 자매와 친구를 통해서 말을 익히면서 자기 나름의 독특한 표현 방식을 만들어나가듯이 우리의 개인적인 기도 생활은 기도하는 공동체의 보살핌을 통해 발전합니다. 그런데 '우리의 공동체'라고 부르는 어떤 특정한 조직체를 가리키기 어려울 때도 있습니다. 우리의 공동체는 산 사람과 죽은 사람, 현재 있는 사람과 없는 사람, 가까운 사람과 먼 사람, 늙은이와 젊은이들로 대부분 이루어진 아주 막연한 실체이기도 합니다. 하지만 어떤 모양이든 공동체가 이루어져 있지 않으면 개인 기도는 생길 수도, 자랄 수도 없습니다.

공동 기도와 개인 기도는 깍지낀 양손처럼 한짝을 이룹니다. 공동체가 없을 때 개인 기도는 쉽게 자기중심적이고 별난 행동으로 전락해버리지만 개인 기도가 없을 때 공동체의 기도는 쉽사리 의미 없는 상투적인 일과로 바뀌고 맙니다. 개인 기도와 공동 기도를 나누면 틀림없이 해를 입게 됩니다.

영적 지도자들이 혼자 떨어져 있으려 하는 사람들을 신랄하게 비판하는 이유와 개인 기도를 이끌어주는 큰 공동체와 계속해서 연결되는 것이 중요하다고 강조하는 이유도 바로 이 때문입니다. 또 동시에 그들이 그 공동체의 각 성원들에게 개인 기도에 시간과 노력을 들이라고 권면하는 이유이기도 합니다. 공동체 자체만으로는 사람과 하나님 사이의 가장 독특하고 친밀한 관계를 바라는 욕구를 채워줄 수 없다는 점을 그들은 알고 있기 때문입니다.

마지막 날이 올 때까지

마음의 기도는 신앙 공동체의 경계선 안에서 강해지고 깊어질 수 있습니다. 개인 기도를 통해 사랑 안에서 굳건해진 신앙 공동체는 함께 찬양과 감사를 드리면서 그 기도들을 소망의 표지로 올려드립니다. 서로에게 자신의 가장 개인적인 탐구를 위한 자리를 베풀면서도 우리는 개인적인 많은 한계를 넘어서 하나님께로 함께 발돋움합니다. 우리는 다양한 여러 국적과 피부 색깔, 역사와 성격과 소원을 가진 아주 다른 사람들일지도 모릅니다.

하지만 하나님은 우리를 환상의 어두움에서 이끌어내어 그분의 영광의 빛 가운데로 들어가도록 불러주셨습니다. 이 공동의 부르심은 우리의 세계를 겟세마네 동산과 다볼 산이 함께 있을 수 있는 자리로, 우리의 시간을 마지막 날을 끈기 있고 즐겁게 기다리는 시간으로, 우리를 서로의 형제와 자매로 바꾸어줍니다. 바울은 아래의 글을 통해 이 공동의 부르심에 끝까지 충실하라고 우리를 권면합니다.

주의 날이 밤에 도적같이 이를 줄을 너희 자신이 자세히 앎이라… 형제들아 너희는 어두움에 있지 아니하매 그날이 도적같이 너희에게 임하지 못하리니 너희는 다 빛의 아들이요 낮의 아들이라 우리가 밤이나 어두움에 속하지 아니하나니 그러므로 우리는 다른 이들과 같이 자지 말고 오직 깨어 근신할지라… 믿음과 사랑의 흉배를 붙이고 구원의 소망의 투구를 쓰자 하나님이 우리를 세우심은… 오직 우리 주 예수 그리스도로 말미암아 구원을 얻게 하신 것이라 예수께서 우리를 위하여 죽으사 우리로 하여금 깨든지 자든지 자기와 함께 살게 하려 하셨느니라 그러므로 피차 권면하고 피차 덕을 세우기를 너희가 하는 것같이 하라(살전 5:2-11)

우리가 공동체 안에서뿐만 아니라 개인적으로도 하나님께 발돋움하면서 우리를 얽어매는 환상을 끊임없이 떨쳐버릴 때, 마침내 그분이 돌아오실 날을 여전히 기다리면서도 그분과 친밀한 하나됨을 경험할 수 있습니다. 그때는 옛적 한 순례자가 노래한 다음 말이 우리의 말이 됩니다.

내가 산을 향하여 눈을 들리라
나의 도움이 어디서 올꼬
나의 도움이 천지를 지으신
여호와에게서로다

여호와께서 너로 실족지 않게 하시며
너를 지키시는 자가 졸지 아니하시리로다
이스라엘을 지키시는 자는 졸지도 아니하고
주무시지도 아니하시리로다

여호와는 너를 지키시는 자라
여호와께서 네 우편에서 네 그늘이 되시나니
낮의 해가 너를 상치 아니하며
밤의 달도 너를 해치 아니하리로다

여호와께서 너를 지켜 모든 환난을 면케 하시며
또 네 영혼을 지키시리로다
여호와께서 너의 출입을
지금부터 영원까지 지키시리로다(시 121편)

돌아가시기 전날 밤 예수님은 사도들에게 이렇게 말씀하셨습니다.

> 조금 있으면 너희가 나를 보지 못하겠고 또 조금 있으면 나를 보리라… 내가 진실로 진실로 너희에게 이르노니 너희는 곡하고 애통하리니 세상이 기뻐하리라 너희는 근심하겠으나 너희 근심이 도리어 기쁨이 되리라… 지금은 너희가 근심하나 내가 다시 너희를 보리니 너희 마음이 기쁠 것이요 너희 기쁨을 빼앗을 자가 없느니라(요 16:16-22)

우리는 잠깐 동안 실로 슬픔과 근심으로 가득 찬 시간에 살고 있습니다. 이 짧은 시간을 예수 그리스도의 영 안에서 산다는 것은 아픔의 한가운데에서부터 발돋움하는 일입니다. 우리에게로 오신 그분의 사랑으로 그 아픔들을 기쁨으로 바꾸는 것을 뜻합니다. 우리가 느끼는 외로움과 적대감과 환상을 부인하거나 피할 필요가 없습니다. 오히려 그 반대로 우리가 용기를 갖고서 이런 실체들에 충분히 주의를 기울여 그것들을 이해하고 털어놓으면 조금씩 조금씩 고독과 따뜻한 환대와 기도로 변할 수 있습니다. 이 말은 영적으로 성숙한 삶이란 외로움에 찌들고 적대감이 가득한 채 온갖 환상에 얽매어 살아가던 우리의 옛 자아가 사라지고 평안함과 깨끗한 마음으로 완전한 평온 가운데서 사는 삶이라는 뜻이 아닙니다. 어른이 된 후에도 젊은 날의 갈등의 흔적이 남아 있듯이 우리의 고독에도 외로운 시간들의 흔적이 묻어 있습니다.

또 다른 사람을 돌봐주는 우리의 섬김에도 때때로 분노의 감정이 반영되고 우리의 기도에는 많은 환상의 기억과 존재가 드러납니다. 하지만 사랑 안에서 변화되면 이런 가슴 아픈 흔적들은 소망의 흔적이 됩니다. 마치 예수님의 상처가 의심 많은 도마에게 그랬던 것처럼 말입니다.

일단 하나님이 우리의 몸부림 가운데서 우리를 만져주시고 그분과 영원히 연합되고자 하는 불타는 바람을 우리 안에 심어주실 때, 우리는 용기와 신념을 갖고 그분의 길을 준비하고 우리의 삶을 나누려는 모든 이들에게 이 잠깐의 시간 동안 함께 완전한 기쁨의 그날을 기다리자고 권하게 될 것입니다. 이런 새로운 용기와 신념을 갖고서 바울이 디도에게 했던 다음과 같은 소망의 말로 서로를 굳게 세워줄 수 있습니다.

> 모든 사람에게 구원을 주시는 하나님의 은혜가 나타나 우리를 양육하시되 경건치 않은 것과 이 세상 정욕을 다 버리고 근신함과 의로움과 경건함으로 이 세상에 살고 복스러운 소망과 우리의 크신 하나님 구주 예수 그리스도의 영광이 나타나심을 기다리게 하셨으니(딛 2:11-13)

영적 이정표를 찾을 수 있게 도와주는 길잡이

신학자이자 심리학자인 헨리 나우웬은 신학과 심리학이라는 각각 다른 두 분야의 지식을 통합시킬 줄 아는 탁월한 능력의 소유자이다. 일상적인 경험들을 신학적으로 해석하고, 추상적인 신학적 주제들을 모든 사람이 공감할 수 있도록 재생산해낸다. 그는 탁월한 능력을 지닌 사람이다. 40여 권 이상의 저작들 대부분은 영적 여정의 산물일 뿐만 아니라, 영적인 삶을 추구하는 이들을 향한 초대의 글이다. 진지하게 영적 여정의 길을 걷고 있는 이들이라면, 나우웬의 글을 읽는 동안 영적 이정표를 찾을 수 있을 것이다.

이 책 전반에서 보여주고 있는 헨리 나우웬의 영성의 관점은 관계적이다. 그리고 자신의 논리를 서술해가는 방식으로 세 가지를 하나의 쌍으로 묶는 분류법을 즐겨 쓴다. 「영적 발돋움」에 흐르고 있는 주제나 형식들을 정리하자면 정체성의 문제, 소명의 문제, 소속의 문제다. 이 내용은 헨리 나우웬의 사상을 매우 집약적으로 다룬 책이며, 그의 저술 전체의 주제를 대변한다. 그는 '자아를 향한 영적 여정', '타인을 향한 영적 여정', '하나님을 향한 영적 여정' 으로 나누어 3단계를 묘사하면서 독자들로 하여금 자신의 영적 성숙도를 가늠하도록 안내한다.

현대인들이 직면한 가장 큰 장애물들은 '분주함과 생산성, 능률의 노예가 되는 것, 소음으로 가득 찬 문화적 요소' 다. 첫째는 현대인의 분주함이다. 그들은 외적인 일에서 분주함을 느끼지 않고 내면의 분주함에 영향을 받는다. 마음의 분주함을 통하여 자신이 얼마나 쓸모 있고 가치 있는 존재인가를 보여주고자 애쓴다. 헨리 나우웬은 자신의 정체성을 외적인 성취로부터 확인 받고자 사람들에게 '자아를 향한 발돋움' 을 권한다. 분주하지 않고는 견딜 수 없는 그 외로움의 뿌리가 무엇인지를 깊이 탐구하고 직면하게 함으로써 자신의 중심으로 돌아가라고 알려준다.

둘째, 생산성과 능률의 노예가 되어가고 있는 현대인에게 동료는 더 이상 동료가 아니라 경쟁자들이다. 이웃은 더 이상 우정을 나누는 인격체가 아니고, 능률을 올리기 위한 비인격적 수단이 되었다. 저자는 그들을 향하여 '이웃을 향한 영적 받돋움', 즉 이웃을 향하여 적대감에서 따스한 환대로 바꾸어 가라고 말한다. 환대란 낯선 사람을 홀로 두지 않는 것이다. 언제나 편안하게 다가와 쉴 수 있도록 내면의 공간을 비워두고 자유롭게 자신의 공간 안으로 초대하는 삶을 의미한다.

셋째, 현대인은 소음이 가득 찬 문화의 소용돌이 속에서 살아가고 있다. 홀로 있는 것을 두려워하면서도 이웃에게 마음을 열기를 두려워한다. 그래서 그들은 자신 안에 파묻혀 스스로 환상 속에 빠져 살아가고 있다. 이들을 향하여 헨리 나우웬은 하나님을 향한 받돋움, 즉 그것을 환상으로부터 기도의 여정으로 바꾸어 가도록 권한다. 기도한다는 의미는 비전이라는 미명 아래에 거짓 확신에 빠져드는 것이 아니라, 불확실하지만 하나님의 영원성에 자신의 전 존재를 의탁하며 하나님께 나아가는 삶을 말한다.

헨리 나우웬이 '자아를 향한 발돋움', '동료 인간을 향한 발돋움', '하나님을 향한 발돋움' 이라는 순서로 이 책을 서술한 이유는 경험적 우선성을 염두에 두고 있었기 때문이다. 우리는 자신의 현존재의 실체를 발견함과 동시에 하나님과의 건강한 관계를 체험할 수 있다. 그러한 경험들의 근본적인 뿌리를 탐구해 들어가는 동안 우리는 하나님을 향한 진정한 영적 여정을 시작하게 된다.

장로회신학대학교 교수 유해룡

후 주

프롤로그

1. 「신곡(*The Divine Comedy*)」, 제1편 지옥.
2. John Climacus, *The Ladder of Divine Ascent*, trans. by Lazarus Moove(New York: Harper, 1959), p. 203.

1부 〉〉〉 자아를 향한 발돋움

1장 _ 가슴을 후비는 외로움

1. 1973년 1월 15일자 〈뉴스 위크〉.
2. *Walden and Other Writings*(New York: Modern Library, 1937, 1950), pp.723 – 24.
3. *The Prophet*(New York: Alfred A. Knopf, 1951), pp. 15 – 16.
4. *Zen Flesh, Zen Bones*, Paul Reps com. by(Garden City, N.Y.:Doubleday, Anchor Books, 1961), pp. 30 – 31.

2장 _ 열려 있는 고독

1. 「젊은 시인에게 보내는 편지*Letters to a Young Poet*」(New York: Norton, 1954), pp.18 – 19.
2. 같은 책, pp. 34 – 35.
3. 같은 책, pp. 46 – 47.
4. 「바다의 선물*Gift from the Sea*」, 앤 모로우 린드버그(New York: Pantheon Books, 1955), p. 40.
5. 같은 책, p.40.
6. *The Sign of Jonas*(Garden City, N.Y.: Doubleday, Image Books, 1956), p. 261.
7. *Conjectures of a Guilty Bystander* (Garden City, N.Y.: Doubleday, Image Books, 1968), pp. 157 – 58.

8. 「젊은 시인에게 보내는 편지 *Letters to a Young Poet*」, p. 59
9. 「바다의 선물 *Gift from the sea*」, p. 40.
10. 「예언자 *The Prophet*」, p. 50.

3장 _ 창조적인 반응

1. *The Signs of Jonas*, p. 323.
2. *Contemplation in a World of Action*(Garden City, N.Y.: Doubleday, Image Books, 1973), p. 161.
3. 같은 책, p. 165

4장 _ 적대감에서 환대로 바뀌는 삶

1. *Walden*, p. 65.
2. Castaneda, *A Seperate Reality*(New York: Simon and Schuster, 1971), 특히 pp. 218－219를 보라.
3. *Zen Flesh, Zen Bones*, p. 5.

2부 〉〉〉 동료 인간을 향한 발돋움

6장 _ 따뜻한 환대와 주인

1. *Poverty of Spirit*(New York: Newman Press, 1960), p. 45.

7장 _ 기도와 인간의 유한성

1. 1974년 8월 11일 일요일자 〈뉴욕 타임스〉 4면, p. 18.
2. Regulae Breviter Tractate, 296, II, 2.742C. 아래의 것을 보라. J. E. Bamberger, "MNHMH-DIATHESIS, The Psychic Dynamism in the Ascetical Theology of St. Basil," *Orientalia Christiana Periodica*, Vol. XXXIV, Fasc. II, 1968.
3. *The Art of Prayer*, Khariton 편(London: Faber and Faber, 1966), p. 119.
4. *New Seeds of Contemplation*(New York: New Direction, 1961), p. 159.
5. *First and Last Notebooks*(New York: Oxford, 1970), p. 99.

3부 〉〉〉 하나님을 향한 발돋움

8장 _ 마음의 기도

1. *Confession of St. Augustine*, trans. by F. J. Sheed(New York: Sheed and Ward, 1943), p. 178.
2. *The Way of a Pilgrim*, trans. from the Russian by R. M. French(New York: Seabury Press, 1965).
3. Introduction, *The Art of Prayer*, p. 9.
4. *The Way of a Pilgrim*, p. 10.
5. 같은 책, p. 16
6. 같은 책, p. 17-18.
7. 같은 책,p. 18.
8. *The Way of a Pilgrim*, p. 19.
9. 같은 책, pp. 19-20.
10. *Franny and Zooey*(Boston: Little, Brown, 1961).
11. *The Art of Prayer*, p. 110.
12. Anthony Bloom을 보라. *Living Prayer*(Springfield, Ill. Templegate, 1966); *Beginning to Pray*(New York: Paulist Press, 1970); *Courage to Pray*(New York: Paulist Press, 1973).
13. *The Art of Prayer*, p. 110.

9장 _ 공동체와 기도

1. *The Art of Prayer*, p. 73.